田径运动训练与教学的多方位研究

周次保　著

中国纺织出版社

内容简介

田径运动历史悠久，主要囊括田赛、径赛以及全能比赛，在高校体育运动中，田径运动的开展是非常宽泛的，受到了广大师生的欢迎，同时也是世界上最为普及的体育运动之一，在体育竞赛中也极具观赏性。本书首先阐述田径运动的一些基本理论，包括溯源、特点、分类、价值等，然后从田径运动训练的体能训练、田赛项目训练、径赛项目训练等方面着手进行研究，最后对田径运动的教学程序与设计内容进一步分析，理论与实践结合，体现本书的科学性与实践性。本书的主要针对人群为高校体育教师，或可作为田径领域研究人员的参考用书。

图书在版编目（CIP）数据

田径运动训练与教学的多方位研究／周次保著. --
北京：中国纺织出版社，2018.11
IISBN 978-7-5180-4496-2

Ⅰ. ①田… Ⅱ. ①周… Ⅲ. ①田径运动—体育教学—教学研究②田径运动—运动训练—研究 Ⅳ. ①G820.2

中国版本图书馆 CIP 数据核字（2017）第 315721 号

责任编辑：武洋洋　　　　责任印制：储志伟

中国纺织出版社出版发行
地址：北京市朝阳区百子湾东里 A407 号楼　　邮政编码：100124
销售电话：010-67004422　　传真：010-87155801
http：//www.c-textilep.com
E-mail：faxing@e-textilep.com
中国纺织出版社天猫旗舰店
官方微博 http：//www.weibo.com/2119887771
北京虎彩文化传播有限公司印制　各地新华书店经销
2018 年 11 月第 1 版第 1 次印刷
开本：710×1000　1/16　　印张：12.75
字数：231 千字　　定价：63.00 元

前　言

随着体育课程的创新与改革，田径运动以健身为锻炼的目的越来越凸显，在跨专业选修学分等背景之下，体育专业特色里的教学与训练愈加被人们所重视。在倡导提高人文素养的今天，提高田径运动的教学与训练的多维度探究显得尤为重要。

本书本着把握实质，注重思想，优化结构，体现思维，与时俱进，理论与实际相结合的撰写思想，既把握整体又突出重点，表、图、文结合对相关理论予以阐述，可以让读者对田径运动训练与教学有一个全面的了解，不仅有相应的理论意义，还具有一定的实际价值。

从内容安排上，本书第一章为田径运动溯源，主要对田径运动的起源与发展、田径运动的分类与功能、田径运动理论进行介绍；第二章为田径运动之体能训练，对田径体能训练的理论基础和田径体能训练的科学控制进行探究；第三章是田径运动素质训练，分别就田径运动速度素质训练、田径运动耐力素质训练、田径运动柔韧素质训练、田径运动力量素质训练予以说明；第四、五、六章分别为走跑类田径项目教学与训练、跳跃类田径项目教学与训练、投掷类项目教学与训练。主要对短跑项目教学与训练、中长跑项目教学与训练，立定跳项目教学与训练、三级跳项目教学与训练，推铅球与掷标枪项目教学与训练、掷铁饼与掷链球项目教学与训练进行分析讨论；第七章为田径运动教学评价及可持续发展研究，分别对田径运动教学评价分析、田径运动的可持续发展研究展开分析。

本书在参考大量文献的基础上，结合作者多年的教学与研究经验撰写而成，希望能为广大读者提供一定帮助。

在本书的撰写过程中，得到了许多专家学者的帮助，同时参考了许多相关的文献，在这里表示真诚的感谢。同时，限于水平，虽经多次细心修改，书中仍然不免会有疏漏与不足，恳请广大读者批评指正。

编者

2018 年 1 月

目　录

第一章　田径运动概述

田径运动作为一项古老的运动，在人们现代生活中发挥着极大的影响力。本章主要对田径运动的起源与发展、田径运动的分类与功能、田径运动理论进行阐述。

第一节　田径运动的起源与发展

一、田径运动的起源

早在远古时代，人们为了生活下去，为了拿到生活方面的物质资源，在和大自然里面的飞禽走兽拼搏的过程中，逐渐地意识到自己一定得具有快跑、灵活跳跃和基本没有错误的投掷等让自己可以生活下去的本领，以此为基才能更好地生活下去。而他们在长时间的劳动过程中又常会使用该类动作，这样便慢慢地熟悉了跑、跳、投等不同方面技能。

为了增进同大自然的拼搏能力，人们便有意识地展开走、跑、跳跃、投掷等方面的训练，这样就慢慢地有了现代田径比赛项目最初的样子。

下面主要阐述跑类、跳跃类、投掷类项目的起源。

（一）跑类项目起源

1. 短跑项目

据相关记载，短跑项目首先出现在公元前 776 年古希腊奥林匹亚村举行的第 1 届古代奥运会上。

2. 现代长跑和跨栏跑项目

现代长跑现在来看的话直接可以追溯到英国①了，另外跨栏跑项目也是这样。

跨栏比赛是1864年在首届牛津剑桥校际对抗赛上第一次正式举行的。

3. 马拉松比赛

马拉松比赛是为了纪念雅典战士菲迪皮茨而设置的。在1896年举办的第1届现代奥运会上面，有了第一次马拉松镇跑（到雅典）的比赛。

目前来说，针对青少年开展的马拉松训练和教学都比较少。

（二）跳跃类项目起源

跳跃比赛（基本上是指跳远）第一次被人们所知是在很早以前的古希腊奥运会上。

1. 跳远

现代跳远开始于19世纪50年代前后。1896第1届现代奥运会上，跳远就是正式比赛项目之一。

2. 跳高

跳高被人们用来作田径比赛的内容，最初出现在爱尔兰和苏格兰。1800年，跳高被列入苏格兰高地运动会的比赛内容。

撑竿跳内容刚开始是把掌竿或投枪当作支撑物从深沟、水溪等跨过衍化成的。爱尔兰曾经有一个塔里蒂安运动会（现在已取消），撑竿跳即为该运动会内容的一部分。之后撑竿跳在苏格兰和英格兰传播开来。

撑竿跳作为正规竞技运动内容第1次加入比赛活动是在1866年。

3. 三级跳远

三级跳远是由多次跳衍化成现在这种形式的，以前的克尔特人运动会上就有跟这差不多的三级跳远项目。

现代三级跳远最初出现在爱尔兰和苏格兰。19世纪后期，三级跳技术的几种流派逐渐产生。

---

① 在18世纪时英国已有一些职业赛跑选手进行长跑比赛。

如今，因为三级跳远训练难度较高，所以不少学校对三级跳远的训练没有认真对待，达不到规定的标准。

（三）投掷类项目起源

1. 投掷铁饼

投掷铁饼为一项年代很久的田径项目了，古代奥林匹克运动会五项全能里面的“投盘”基本上即为掷铁饼，那个时候使用的是石制圆盘，之后进一步衍化成金属制圆盘。

2. 链球项目

链球项目的最初也出现在爱尔兰与苏格兰。

19 世纪 50 年代前后，在英国部分大学里，链球第一次被人们所知。1890 年前后，美国人把链球的木柄换成了铁柄，之后进一步换成了钢链。

铅球比赛是由炮兵投掷炮弹比赛衍化成现在这种形式的。因炮弹重量就是现在的 7．26kg，所以铅球的重量也相当于没有改变，一直用到现在。

二、田径运动的发展

（一）世界田径运动的发展

1. 世界田径运动发展概况

公元前 776 年，首次古代奥林匹克运动会出现于古希腊奥林匹克村，是奥运会的第一次正式的举办，从那时开始每 4 年开办一次。首届古奥运会中唯一的比赛项目是短跑，跑动距离为 192. 05 米。后来增加了中跑和长跑，也是以这个距离为基础。到了第 18 届又增加了跳远、投标枪、掷石饼等项目。1894 年，奥运会组织在法国巴黎成立，现代奥运会发展进入了新时期。

1896 年的第 1 届奥运会，可以说是现代田径运动开始的标志。此届奥运会共有 10 个国家的选手参加了田径比赛。12 项田径比赛，美国夺得了 9 项冠军。

不过，早期奥运会并未汇集世界优秀选手。跳高比赛的冠军克拉克只跳了 1. 81 米，远不够当时的世界纪录；撑竿跳比赛的冠军是美国选手霍伊特，最终成绩是3.30米，而早在1892年美国人罗登鲍格就创下了3.50米的纪录；当时的跨栏比赛距离只有一百多米，设有八个栏，栏高1米，且无技术规范。在百米赛跑中，只有美国选手伯克采用蹲踞式起跑，当时这一起跑姿势引得观众嘲笑，但他最终以11秒8的成绩夺得了第一。然而这一成绩相较1895年英国选手比顿的成绩（10秒8）还是有所差距。

1912年，在斯德哥尔摩成立了国际业余田径联合会（IAAF）。共17个国家代表出席：美国、匈牙利、英国、希腊、加拿大、奥地利、法国、德国、芬兰、瑞典、比利时、挪威、澳大利亚、智利、丹麦、俄国、埃及。制订了田径运动史上最为详细、公正的规则和组织章程，被誉为田径运动的世界性法典，并真实记录了奥运会和国际性田径比赛的规则。在国际田联和国际奥委会的紧密联系和协作下，奥运会田径项目的比赛才得以顺利进行。

为了消除误差，1928年奥运会上首次在终点处使用了高速照相装置。从1977年起，400米和400米以下的项目均以全自动电子计时的成绩为准。

此届奥运会第一次设置了100米、800米、4×100米接力、跳高和掷铁饼5个女子项目。美国选手伊丽莎白·罗宾逊以12秒2获100米冠军；德国选手莉娜·拉德克·巴绍尔夺得了800米冠军；加拿大选手凯瑟伍德以1.59米的成绩夺得跳高冠军。然而800米对女选手来说体能消耗巨大，再加上反对者的呼声甚高，因此国际田联又取消了女子800米项目。

受“二战”影响，20世纪30、40年代的世界田径运动水平持续下降，60年代后又呈现出快速发展的势头。

1968年，首次出现了人工合成塑胶跑道。这一跑道极大地减少了雨天对比赛的影响，且提高了比赛的公平性和规范性。因此，塑胶跑道的出现对于田径运动的发展意义重大。

除奥运会的田径项目比赛外，其他国际性的田径运动比赛也层出不穷：1983年开始的世界田径锦标赛、1985年开始的田径系列大奖赛等。田径比赛规模越来越大，范围越来越广，规则也越来越严格，田径运动也得以不断发展壮大。

与此同时，如何防止作弊，尤其是禁止兴奋剂的使用，已成为比赛的重中之重。1989年，国际奥委会与其他奥委会联合签署了禁止使用兴奋剂的宣言，并对运动员随机抽查，对使用兴奋剂的运动员严惩不贷。

2. 世界田径运动的现代格局

从20世纪50年代到现在，世界田径运动也是在迅速地发展，可以说现在的水平已达到一定高度。经历了迅速发展、提高和稳定的过程。

从近几年各大比赛数据来看，美国一直以来就没丢过世界田径强国的头衔，尤其在短跑、跨栏等方面，实力不容小觑。俄罗斯在女子项目上均保有优势，可见其实力雄厚。

在世界田径运动第二集团中，部分国家依靠自己传统或其他方面的优势而进入世界田坛“新贵”的队伍之中，如南非的跳高、白俄罗斯的投掷等。而一些“昔日”强国由于优势项目水平的下降，造成整体层次和水平等减弱，如德国、古巴、罗马尼亚等。

当今世界田坛，越来越多的国家认识到只有结合本国优势来着重发展相应项目，才能在世界田坛中夺得一席之地，才能更有保障地争夺金牌。今天，越来越多的国家都有了争夺金牌银牌的能力和机会。

（二）我国田径运动的发展

1. 我国田径运动发展概况

我国早在春秋战国时期就有关于田径练兵的记载。墨子《非攻篇》中讲到吴起与魏武侯论练兵、用人、强国，吴起说过，把能跳得高、跳得远、善走路的人选作士兵。1840年鸦片战争后，西方体育文化、思想等大量传入我国，在各个大城市和学校等场所举行了各种体育竞赛活动，学校间的田径比赛也是经常举行。

中华人民共和国成立后，随着各项事业的建设和经济水平的提升，民众愈加重视体育文化，田径运动在国内迅速普遍化、大众化，我国运动员也在各项国际赛事中取得了相当优异的成绩。

1957年我国跳高运动员郑凤荣以1.77米的成绩，刷新了当时女子跳高的全球纪录；1988年第24届奥运会，李梅素拿到女子铅球铜牌。1992年的奥运会在我国历史上也写下了浓墨重彩的一笔，陈跃玲拿到女子10公里竞走金牌，突破了我国田径运动员在奥运上的金牌为零的纪录；1996年奥运会，王军霞喜得女子长跑5千米金牌与1万米银牌；2000年奥运会，王丽萍拿到女子20公里竞走金牌等。

20世纪80年代，中国成为亚洲第一田径强国（过去日本是亚洲第一）。1990年第11届亚运会，田径方面的29枚金牌全部都是中国的。

20世纪后期，苏联解体，中亚五国加入，日本、韩国、印度等国家田径运动水平一直增进，亚洲田坛竞争也越来越厉害。这一阶段即便是我国所获金牌总数看上去是降低的，但综合水平仍是在亚洲田坛的上游位置。

在2004年奥运会上，我国田径队拿到两枚金牌。而邢慧娜在10000米比赛里面拿到第一名的成绩；110米跨栏选手刘翔以12.91秒的成绩打破了当时的亚洲纪录，夺得冠军。而在两年后，刘翔又以12.88秒的成绩打破了英国选手科林·约翰逊保持的世界纪录。

2. 我国田径运动发展的特点

自中华人民共和国成立以来，我国田径运动得到了迅速发展，并取得了辉煌的成绩，许多竞技类项目也实现了较大的突破。此外，田径运动也逐步大众化，以全民运动的形式得以开展。

但我国田径运动竞技水平同美国、俄罗斯等世界田径强国相比仍有较大差距。这是受我国田径运动发展特点的影响，其主要体现在以下几个方面。

（1）男女项目发展不平衡，女子项目发展迅速，但男子项目与世界先进水平差距较大。

（2）关于田径运动员的选拔以及田径运动理论、发展的研究等方面有待提升。

（3）地区发展不平衡，难以达到真正的普遍化，基础设施不够完善，无法使人人都树立田径健身的观念。

因此，我们需要做的是积极学习国外先进的田径运动理论知识和技能技巧，结合本国实际情况，巩固弱项，增强强项，努力向世界田径强国靠近，做到田径运动的全面发展。

（三）田径运动的发展趋势

1. 田径运动普及化

随着世界各国经济水平的提高和人们物质文化生活的丰富，越来越多的人追求健康、娱乐性的生活方式。

作为各项运动中较为基础、普遍的田径运动成为很多人的健身选择。田径运动已成为各个学校必不可少的课程，也一直吸引着更多不同阶层的人参与其中。

2. 田径运动员职业化

20 世纪 80 年代以来，田径运动日益商业化，田径运动员的职业化程度也日益加深，市场化也越来越明显。

其一方面提高了比赛的观赏性；另一方面增强了田径运动员间的竞争，推动了田径比赛活动的开展，同时让更多人感受到田径运动的魅力。

3. 女子田径运动迎来新时期

20 世纪后期，女子田径运动项目的种类日益增多。而事实证明，各类男子田径项目，女子也都可以参加，并已经取得了优异的成绩和一系列的突破，因此女子田径运动今后也一定会进入新阶段。

4. 世界田径运动多极化

从近年来世界田径运动的发展看，美国田径强国的地位受到各国的挑战。欧洲运动员重新崛起，亚洲运动员在男子跨栏、马拉松等项目上实现反超，非洲运动员在长跑项目上彰显领军实力，世界田径运动不再是一枝独秀的格局，而逐渐转向多极化发展。

5. 田径运动水平进一步提升

现代科技水平的提升势必会使田径运动场地、器材和训练手段等更加现代化、科学化、专业化。主要体现为以下几点

第一，田径运动的场地、器材将达到智能化。

第二，训练条件和手段将真正达到因人而异。

第三，运动员的职业化更加显著、更加普遍。

6. 田径项目竞赛体系更加完善

伴随着越来越多的运动员挑战极限，各项目的纪录不断被打破，这时，需要更加精确的成绩，这要求在规则上给予更大的发展空间。譬如，短跑可按 1/1000 秒计取成绩，田赛项目可按小于厘米的计量单位计取。

7. 继续增大反兴奋剂的力度

在讲究公平公正、秉承强身健体的竞技体育比赛中，坚决反对使用既有违公平又危害健康的兴奋剂。

随着科学技术日益提高，兴奋剂的检测手段也日益科学化、多样化，

国际田联以及奥委会也加大力度打击使用兴奋剂的行为。

然而，随着田径运动比赛规模的不断扩大，参赛人数不断增加，兴奋剂种类也会不断增多，使用方法也会更隐蔽，兴奋剂的检测工作仍会十分艰巨。

第二节　田径运动的分类与功能

一、田径运动的分类

现阶段田径运动教材大都将田径运动分五大类即：走、跑、跳、投和全能运动。

田径运动作为最广泛、最基本的运动，是正规体育比赛中项目最多、参赛运动员最多的项目。而“田径运动是一切体育运动项目的基础”这句话充分肯定了田径运动在竞技体育运动中的地位，也表明了其增强体质，强身健体的作用。

田径运动项目具体被分类为以下几种，它们分别是走类项目（表1-2-1）、跑类项目（表1-2-2）、跳类项目（表1-2-3）、投掷类项目（表1-2-4）、全能类项目（表1-2-5），具体内容如下。

表1-2-1　走类项目

类别	少年				成人	
	男子甲组	男子乙组	女子甲组	女子乙组	男子	女子
场地	5000m 10000m	3000m 5000m	5000m 10000m	3000m 5000m	20000m 50000m	5000m 10000m
公路					20km 50km	10km 20km

表 1-2-2　跑类项目

类别	少年				成人	
	男子甲组	男子乙组	女子甲组	女子乙组	男子	女子
短距离跑	100m 200m 400m	60m 100m 200m	100m 200m 400m	60m 100m 200m	100m 200m 400m	100m 200m 400m
中距离跑	800m 1500m	400m 800m 1500m	800m 1500m	400m 800m 1500m	800m 1500m 3000m	800m 1500m 3000m
长距离跑	3000m 5000m	3000m	3000m 5000m	3000m	5000m 10000m	5000m 10000m
超长距离跑					马拉松 （42. 195km）	马拉松 （42. 195km）
跨栏跑	110m 栏（栏高 1. 00m） 200m 栏（栏高 0. 762m） 400m 栏（栏高 0. 914m）	110m 栏（栏高 0. 914m） 300m 栏（栏高 0. 84m）	100m 栏（栏高 0. 84m） 200m 栏（栏高 0. 762m） 400m 栏（栏高 0. 762m）	100m 栏（栏高 0. 84m） 300m 栏（栏高 0. 762m）	110m 栏（栏高 1. 067m） 400m 栏（栏高 0. 914m）	100m 栏（栏高 0. 84m） 400m 栏（栏高 0. 762m）
障碍跑					3000m	

（续表）

接力跑	4×100 m	4×100 m	4×100 m	4×100 m	4×100 m 4×400 m	4×100 m 4×400 m
公路赛和越野赛	包括马拉松在内的公路赛以及由大会决定的各种距离不等的公路赛和越野赛					

表 1-2-3　跳类项目

类别	少年				成人	
	男子甲组	男子乙组	女子甲组	女子乙组	男子	女子
高度	跳高 撑竿跳	跳高	跳高	跳高	跳高 撑竿跳	跳高 撑竿跳
远度	跳远 三级跳远	跳远	跳远	跳远	跳远 三级跳远	跳远 三级跳远

表 1-2-4　投掷类项目

类别	少年				成人	
	男子甲组	男子乙组	女子甲组	女子乙组	男子	女子
推铅球	6kg	4kg	4kg	3kg	7．26kg	4kg
指标枪	700g	600g	600g	500g	800g	600g
掷铁饼	1kg	1kg	1kg	1kg	2kg	1kg
掷链球	5kg	4kg	4kg	3kg	7．26kg	4kg

表 1-2-5　全能类项目

组别	项目	内容和比赛顺序
少男甲组	七	第 1 天：110m 栏、跳高、掷标枪、400m 跑 第 2 天：掷铁饼、撑竿跳、1500m 跑
少男乙组	四	第 1 天：100m 栏、跳高 第 2 天：掷标枪、1500m 跑
少女甲组	五	第 1 天：100m 栏、推铅球、跳高 第 2 天：跳高、800m 跑
少女乙组	四	第 1 天：100m 栏、跳高 第 2 天：掷标枪、800m 跑
成人男子	十项全能	第 1 天：100m 栏、跳远、推铅球、跳高、400m 跑 第 2 天：110m 栏、掷铁饼、撑竿跳、掷铁饼、1500m 跑
成人男子	五项全能	跳远、掷标枪、200m 跑、掷铁饼、1500m 跑
成人女子	七项全能	第 1 天：100m 栏、跳高、推铅球、200m 跑 第 2 天：跳远、掷标枪、800m 跑

二、田径运动的功能

田径项目作为体育运动的基本项目，不仅能全面地提高人的身体素质和心理素质，还能培养人的意志，提高人的反应能力和耐力。具体来说，其作用主要有以下几方面。

（一）健身功能

经常参加田径运动，不仅能提高人走、跑、跳、投等基本活动能力，而且能促进人体正常生长发育和各器官、系统机能的发展，还能全面提高人的运动体能和健康体能。

田径运动的项目较多，内容丰富，运动方式和特点各不相同，对人体的影响也各有区别。主要表现如下。

（1）通过短跑和跨栏跑的锻炼，可以有效地发展快速运动能力，提高人体在极限运动条件下机体器官系统的机能水平，提高人体动作的灵活性和柔韧素质，明显改善中枢神经系统控制和支配肌肉活动的能力，提高人体运动的节奏感。

（2）参加长距离走和跑的锻炼，能明显增强人体有氧工作的能力，发展耐力素质，提高心肺功能，同时顽强拼搏精神也能得到锻炼与提高。

（3）通过跳跃项目的运动，能有效地改善人体的空间本体感觉机能，提高身体的控制和平衡能力以及方位感和集中力，发展弹跳力、力量、速度和协调性。由此可见，田径运动是一项可行性强、健身价值高的运动项目，是人们增强体质、增进健康的重要手段。

（4）参加投掷项目锻炼，能明显提高肌肉力量，增强人体整体协调性和能力，可以有效地发展人体的速度、灵敏等身体素质。

（二）竞技功能

田径竞技运动的功能主要为推动田径运动被人们所知，密切国内和国际之间的联络，增强国家影响力。

田径竞技运动基本上是经由走、跑、跳、投的实力比拼，来考验谁的速度快、反应能力更强等。

因为这种“对抗”基本不和其他人搭配，竞技结果全依靠个人的体能、智能等，也是运动员自身意志力的展现。运动员们在以此为基的竞争里面需要挑战自身极限，突破自我和勇当第一。所以它一方面为最公平的竞争，另一方面也为对“更快、更高、更强”的向往，又为进行各项竞技运动的基本所在，一直以来有着“竞技之母”的称号。

另外，田径运动对训练的相关的需要相对很低，加入活动的人数多，可是基本全部是个人方面的，投资和奖金等产出往往比较大，所以一直被列为竞技体育进步的重点内容的一部分。同时，在比较大的综合性运动会里面，由于田径运动内容多，奖牌数多，加入活动的人数多，对他者产生的作用最大，因此，它是对一个国家竞技体育综合水平进行把握的不可或缺内容之一。而“得田径者得天下”等大众口口相传的话，反映大众认可了田径运动对提升人们体质的重要作用。

（三）教育功能

田径竞技运动有着严格的规则和要求，个人比赛和团队比赛的成绩、名次紧密联系在一起。因此有利于培养人遵纪守法、合作精神、责任感和集体主义思想，也有利于形成正确的世界观、人生观和价值观。

另外，田径运动是各级学校体育课程的必修内容和重要教学内容。田径类课程作为全国普通高等学校体育教育专业的9门主干课程之一，在体育教育专业课程中占有重要地位。

（四）健心功能

田径运动对心理品质的所产生的作用，主要体现在以下几点。

1. 增进情感体验

情绪作为个体心理活动的核心，对人的学习、工作等方面产生着重要作用。

人们能够经由体育活动改变自己的情绪状态，使其情况变得好一点，增强情绪所具有的调节能力。体育活动也是使情感变得成熟、得到一定“成长”的方法。

田径运动基本上是个体一直突破自我的练习，也有在和朋友一起练习里面的互相竞争和搭配。

长期坚持田径运动，可以让个人心境舒缓。体会过了成功和失败、欢乐和痛苦共存的过往，使人的情感体验变得多姿，这种多姿的情感体验刺激则对人的情感成熟有很大的帮助，对情感的自我调节能力的提升也有好处。

2. 使意志品质成长

体育是使人的意志得以成长的有效方法之一，体育对人的意志品质的改变主要是因为它一直都和克服连接在一起的，一直都和挑战极限连接在一起。

田径竞争取得胜利的时候，接着奋斗，争取使成绩更好。失败时，抖擞精神，加倍苦练。对人不畏艰苦、勇敢顽强的意志品质的培养有好处，使运动员不怕艰难，推动其个性的养成，也是增强意志品质的方法。

田径运动一方面需要克服肌肉酸痛的磨难，使毅力得到锻炼和成长，而且在混乱的境况里面，还必须可以清楚地对客观情况加以探析，能抵御外部环境的各种干扰，抑制冲动行为，而不被艰难逼退，也不因一时的胜利而冲昏头脑，对既定的目标方向心里一直都有底。所以，长期坚持田径锻炼，对人的情感成熟有帮助，对意志品质的磨炼有帮助。

其中田径里的障碍跑，是人在跑进中采用跨越、绕过、踏上、钻过等方式通过障碍物的一种运动。采用障碍跑的方法进行练习，不仅可以提高在快速跑进过程中通过障碍的能力，还可以锻炼不怕困难、果敢顽强的意志品质。田径比赛中的跨栏项目就是障碍跑的一种典型方式。

而田径中的长跑，不仅对身体的机能有积极的锻炼价值，而且在与“极点”抗衡的跑步中，也是对意志品质的很好的锻炼，对培养人刻苦耐劳的精神和坚毅顽强的意志具有重要作用。

3. 增进认知能力

在练习时对身体本体感觉的确切把握，是体育活动中各项目与技术都有的一个特征。

在运动里面需要运动者不但可以对外界物体做出很快、准确的判定，还需要其在混乱情况里立刻、准确地做出对应的动作，这就需要运动主体一定得整体地运用身体各方面的感觉，如听感、视感、触感等来觉察自己的动作形象是否完美、动作要领是否具备等，从而构筑全方位的、无误的动作表象。

在田径运动里面，对走、跑、跳、投等各样式练习的协调性、灵活性等，对人的运动认知与运动思维进步有好处，可以推动认知能力的进步。

田径运动的走、跑、跳、投等各种不同的练习里面，要实现或容易或混乱的多种协调、正确的动作，得一次又一次的练习，这样能够提高练习者对动作的空间感知等，对其自身综合素质的提高也有很大帮助。

长期坚持田径运动，能推动人的感知觉能力向前进步，对神经功能有所调理，推动大脑皮层神经过程的各种特性变得更加密切，促使大脑皮层对环境的判断分析能力变得更加优秀，增进大脑反应的迅捷性，让人的思维品质可以向前发展。

（五）增进社会适应能力功能

竞争观念在现代化社会里面是一个不可或缺的价值观念，竞争对社会的发展有好处。具备一定的竞争能力是推动个体变强并向前进步的基础。

田径运动是体育运动之一，能让人在不一样的运动里面知晓竞争是什么，知道如何与他人合作，提高对标准、规则的认识等。另外，也可以让人在活动里面熟悉成功的感觉，在成功里面培育自信，在失败里面感受挫折，在挫折里面磨炼意志，并在这样的基础上增强社会适应能力。

体育运动里面的竞争体验可以对人的自我意识产生作用，尤其是竞争运动里面成功经验能提升人们的自信心，促使人产生一种拼搏的力量。提升竞争意识、激励人们奋斗，努力向前，正是现代社会需要现代人所拥有的东西。

除此之外，体育让人学会如何合作，体育活动里面有不少内容不但对个体的自主性有要求，还需要同伴之间的密切合作。体育活动里面的合作对增进群体的凝聚力有好处，对使人的团结协作精神成长有好处。

第三节　田径运动理论

一、田径运动教学的基本理论

（一）田径运动教学的特征

19 世纪初，世界上出现了最早的体育教学，田径便是其中的一项重要内容。经过 70 余年的发展，至 19 世纪末期，田径运动教学理论才渐渐趋向成熟。

现代田径运动教学的特征包括以下几个方面。

1. 以现代教育为根本

田径运动教学理论的发展，始终遵循教育学、心理学的原理。

体育分科教学的基础的奠定主要是捷克教育学家夸美纽斯在《大教学论》中提出的建立学年制和分科教学制以及直观教学、循序渐进等的教学原则。

2. 教学手段和方法的发展促进了田径教学的发展

随着现代社会的发展和科学技术水平的提高，教育现代化趋势愈加明显，体育教育也不例外。随着现代体育教育的发展，要求田径教学需采用符合各学制特点的教学理论及方法。针对各种学制进行的教学研究改革无疑也促进了田径教学理论的改革与发展。

20 世纪 50 年代初，在学习苏联田径教学理论的基础上，我国建立、发展了本国的田径教学理论，并用于实际教学中。20 世纪 60 年代前期，我国出现了一段时间田径运动教学的研究热潮，我国田径运动也相应取得了巨大的突破。

3. 田径运动教学与技术方法相互促进、协调发展

20 世纪 60 年代末期以来，世界田径运动进入加速完善技术的时代，

田径运动技术得到快速发展，田径运动的理论与方法也得以不断改善。田径运动技术的更新，赋予了教学理论新的内容和要求。同时，教学理论的发展，有利于培养更加优秀的田径运动人才，促进了田径运动水平的提升。

20世纪80年代之后，我国不断吸取外国先进的理论方法，使田径运动教学理论得到了快速的、全面的发展。极大地提高了我国田径竞技的水平，使田径运动开始大众化、普及化。

（二）田径运动教学的规律

田径运动的教学规律，包括认识规律、动作技能学习规律、人体生理活动规律、身心发展规律以及项目教学规律等教学过程中存在的普遍规律。

1. 身心发展规律

人的身心发展具有阶段性。必须根据学生各年龄段的身心发展特征安排适当的教学内容和方法，提高教学效率。

低年级学生兴趣广泛，但不持久，喜欢刺激有趣的竞赛性练习。因此，在教学过程中应多融入游戏类、竞赛类的教学内容和形式，避免枯燥乏味的讲课和练习。

中学生尤其是高中生自我控制能力较强，自觉性逐渐提高，能够理解体育锻炼的意义。因此，教师应注重强化学生的学习动机，引导学生正确认识田径锻炼，采取积极的态度参与其中。同时，也应注意教学方式方法，要符合学生需要，提高学生的主动性和积极性。

此外，男生多喜欢运动量大、刺激的竞赛性运动；而女生喜欢动作优美、运动量小的运动。所以，教学内容也要充分考虑到学生的性别、个性，做到因人而异、因材施教，让每个学生都能充分参与到运动中。

2. 人体生理活动规律

进行体育运动时，人体各机能能力会随着时间的推移以及运动量的加大而逐渐提高。

这一过程可分为以下三个阶段。

（1）上升阶段。开始运动时，身体各器官、系统会由平常状态逐步开始向高水平活动。

（2）稳定阶段。人体机能能力上升到一定水平之后，会保持在最高水平上。

（3）下降和恢复阶段。身体运动到一定程度会产生疲劳，机体活动能力下降。休息后，再次恢复正常水平。进入稳定状态所需的时间取决于运动强度以及人的年龄、身体素质等多方面因素。一般来说，体育水平高的学生比水平低的学生所需时间更短。

因此，在田径教学过程中，要结合学生的具体情况，因人而异地组织安排教学内容，遵循人体机能活动规律，使学生得到充分而不过分的锻炼。同时，应让学生掌握适当的休息方法，减缓疲劳，提高教学效率。

3. 认识规律

人们认识事物的过程一般是从感性认识上升到理性认识的过程，遵循“实践—认识—再实践—再认识”的规律。因此，在教学过程中，应根据认识事物的客观规律，循序渐进地进行教学。主要包括引起兴趣、通读教材、理解教材、归纳巩固、实践运用、检测评价等几个阶段。

学生对于事物的认识会随着年龄的增长更不断变化。因此，要根据认识事物的特点进行有目的的教学。基本要求有以下几点。

（1）想象方面。低年级学生善于模仿性的想象，一般是对接触过的事物进行再现性的想象。中学生已具有一定的联想能力，能够从一件事物开放性地进行想象、联想。因此在田径教学中，应注重培养学生的想象能力，更好地掌握动作技能。

（2）在记忆方面。低年级学生以形象记忆为主，是形象的、机械的记忆。中学生材料记忆为主，是抽象的、理解的记忆。因此，在田径教学中，教师要根据学生的记忆特点，布置具体、明确的记忆任务。并帮助学生巩固记忆，使新、旧知识相互联系。

（3）注意力方面。低年级学生在听课时往往很难控制自己的注意力，很容易出现注意力分散的现象。因此，教师要采用能使学生集中注意力的讲课方法，内容和形式要新颖、多样化，并且活泼有趣，切忌长时间重复统一练习。中学生随着思维能力的提高，已经能够自主控制和调节注意力，并能够独立自主地完成一些练习。因此教师应该着重培养他们系统、规范地掌握技术技能的方法和自主学习的意识和能力。

总的来看，低年级学生的感知较为随意性、情绪性，且多是表面的、片面的。他们很容易在授课过程中被别的事物吸引注意力而耽误听讲或者是理解不到位。因此，教师要针对这一点，努力使教学过程生动有趣、内容形象活泼，以吸引学生的注意力；同时要使内容浅显易懂，示范动作要标准正确。而中学生的思维已经得到了初步发展，对于问题的分析、解决能力相对较高，具有分析复杂的技术动作间的联系能力。若采用直观的教学方法反而会束缚他们的思维拓展能力。因此，应采用启发式教学。例如，通过比较跳高和跳远的技术动作，他们能够自主分析、比较两项运动之间的技术异同点。

4. 项目教学规律

田径运动的性质、强度有较大区别。其中，走、跑属于周期性运动，投掷属于非周期性运动，跳跃则是混合性运动。

（1）短跑。短跑时要注意减少身体重心的晃动，使动作协调、放松。此外，身体上肢与下肢、左侧与右侧等动作幅度均衡。短跑时，处于高度缺氧状态，结束后不能立刻停止活动，否则容易头疼、目眩、恶心、呕吐，甚至陷入半昏迷状态。因此，在短跑教学中应循序渐进，根据学生的身体素质安排合理的训练强度，强调注意事项。

（2）中长跑。中长跑尤其是长跑强度非常大，必然会出现“极点”与“第二次呼吸”现象。“极点”产生后，应继续运动，随着器官恢复活性，供氧量增加，就会进入“第二次呼吸”状态，不适感随之消失。中长跑教学时，要让学生了解会出现的问题以及注意事项，同时根据学生的具体情况，合理地安排跑步距离。而且在实践过程中，可以发现这样一个事实，中长跑训练也有助于学生长跑成绩的提升。在教学实践中，根据运动科学，合理引导学生在中长跑中分配体力，有助于良好成绩的取得。

（3）跳跃。跳跃项目需要克服自身重力和地心引力。跳高和跳远都属于跳跃项目，但其所需的垂直速度和水平速度不同，因此起跳技术也有所不同。在教学过程中，应注重不同项目起跳技术的区别以及助跑与起跳相结合的技巧。教学顺序一般是先学习跳远、然后再学习跳高、最后学习三级跳远。

（4）投掷。投掷注重速度与力量，需要克服器械的重量将其掷出。在投掷项目教学中，要着重锻炼学生的力量以及对力量的运用，使学生掌握助跑与最用用力的结合。投掷类项目的教学一般是先学铅球，然后依次是标枪、铁饼。

5. 动作技能学习规律

在田径运动教学过程中，学生学习动作技能一般会经历以下三个阶段。

（1）泛化阶段

学习动作技能初期，无论老师的讲解有多清楚透彻，也只能获得一种感性认识，不能完全理解、掌握其内在规律。

在这一阶段，大脑皮层兴奋与抑制会快速扩散，条件发射不稳定，经常出现手脚僵硬、四肢不协调、动作多余等情况。

在这一阶段的教学中，教师应暂时忽略细节，使学生建立正确的动作表象，着重教导动作的主要环节，纠正学生动作中存在的主要问题。

（2）分化阶段

在纠正、练习过程中，学生初步理解动作的内在规律，也消除了动作中的主要问题。此时，大脑皮层兴奋较为集中，分化抑制得到发展，能够较为流畅、准确地完成动作。但动力定型不牢固，注意力稍有分散，便又会出现错误动作。因此，这一阶段应注意让学生体会动作细节，纠正细微的错误，保证动作的准确性。

（3）动力定型阶段

反复练习使身体对动作形成条件反射，大脑皮质兴奋与抑制更加集中，达到动力定型阶段。

这一阶段，动作准确、优美，甚至会出现自动化。动作不受注意力的集中程度以及外界环境变化的影响。但是，动力定型发展到了巩固阶段可能会消退。因此，学习过程中不能放松，应不断练习，精益求精，使动作更加完善。

（三）田径运动教学的目标和任务

1. 田径运动教学的目标

田径运动教学主要目标是提高人的运动、生活、生存能力，促进全面健康发展。

田径运动教学的总目标是：熟练掌握并运用田径运动相关理论知识和方法技能；具备田径运动教学的基本能力；形成良好的心理素质，提高社会适应能力等。具体来说，其目标为以下几点。

（1）培养克服困难、坚持不懈的坚毅品质、团结协作的集体意识以及突破自我的创新能力。提高道德修养，培养自信心、荣誉感和社会适应力，促进身心全面发展。

（2）全面发展田径运动的基本运动能力和生存能力，提高自身身体素质，达到一定运动水平。

（3）充分理解田径的特征和作用，了解田径运动的文化特点，培养终身体育观念。

（4）熟练掌握田径课程各项目的基本理论知识和动作技术，具有一定水平的运动技能。

（5）具备田径课程的基本教学能力、相关竞赛的组织指导能力以及裁判的工作能力。同时我们需要知道：田径运动教学主要内容是竞技性、健身性、实用性练习项目；田径运动教学基本手段是进行走、跑、跳、投等多种身体练习。

2. 田径运动教学的任务

（1）提高学生田径运动认识水平。田径运动是最基本的运动项目之一，通过田径运动教学，使学生深入理解田径的特点、价值以及基础理论知识，培养和发展学生的认识能力。

（2）提高身体素质。田径运动既能体现身体素质，又能提高身体素质。通过反复练习技术动作，能够达到强身健体、增进健康的作用。田径运动教学要通过锻炼学生的运动技能，提高学生的身体素质和健康水平。

（3）增强学生心理素质。通过克服在田径运动教学过程中遇到的困难和阻力，培养学生不畏艰难、不怕吃苦、坚持不懈、勇敢果断的精神以及严守纪律、互相帮助、互相学习的优良品质。培养学生的信心，为今后踏入社会打下基础。

（4）掌握各项目的基本技术。因学时有限而田径运动项目较多，田径运动教学需要选择主要的技术项目教导，让学生学习并掌握田径运动的各项基本技术。选择课程内容时应注意突出重点，避免“样样俱学”，结果收效甚微。通过学习和训练田径运动的基本技术动作，提高学生的体育技能，使学生更加全面地了解和掌握田径运动技术知识。

（5）学习相关教学方法。对于学习田径专业的学生，除了要达到以上要求外，还要熟练掌握并应用田径教学的理论以及动作技术的教学方法，学会制订田径教学课程内容。在实践中熟练运用，推动田径运动的开展。

二、田径运动训练的基本理论

在实际的田径运动训练竞赛实践过程中，人们会总结和推演出有关运动训练的原理或者概念，而由此也逐渐形成了田径运动训练理论。

（一）田径运动训练理论的基本内容

1. 专门理论

所谓的专门理论是指运动员所进行的运动训练活动中的一切的训练任务、方法、目标以及负荷，统统都是围绕着专项竞赛来展开，这一运动训练的出发点和落脚点始终都是专门化的竞赛。专门理论由以下两点构成。

第一点为研究项目的竞赛特性、制胜系统和因素的项目制胜规律原理。

第二点为从项群层次研究制胜规律的项群训练理论。

2. 选材理论

选材的科学方法与选材的科学原理两者共同构成了选材理论。

选材的科学方法涉及内容较多，其中半括选材应该考虑的个体、遗传因素、年龄以及选材步骤，等等。

选材的科学原理涉及和解释了相关的运动员在选材时应该要考虑的有关人体的遗传因素，同时还应用了人体遗传学基本理论阐述运动才能与遗传因素的关系。

3. 周期理论

竞技状态的发展规律、构成因素、调控以及表现方式等为周期理论的主要研究对象。

（1）竞技状态的发展规律。竞技状态的发展主要有初步形成、提高和保持以及暂时消失等几个阶段。

（2）竞技状态的构成因素。竞技状态的构成因素则包括一些相对稳定的因素，如运动员机能、素质、形态等因素。

此外还包括一些不稳定的因素，如精神和思想状态；竞技状态的调控在考虑个体因素的同时，还要考虑训练时间的长短以及相关的训练因素，调控方式的采用要从运动员的训练任务出发。

（3）竞技状态的表现方式。竞技状态的表现方式是局部和整体、保持时间长短、个体和集体、一般与专项等方面的状态。

4. 恢复理论

恢复理论主要对运动中能量代谢过程和恢复过程、恢复以及超量恢复的原理、方法和手段以及相关的运动性疲劳的症状与诊断进行了说明阐述。

运动中能量代谢和恢复过程依据的主要是生理生化过程，主要研究的是运动中器官与系统工作和恢复的特点规律。

恢复与超量恢复阐述了运动中恢复的机制、恢复的特点以及恢复的基本规律。

恢复的手段和方法涉及生物学、训练学、心理学、医学和物理学等多个方面的学科知识。

运动性疲劳可分为轻度疲劳、中度疲劳和重度疲劳，隐性疲劳和显性疲劳。

运动性疲劳的诊断方法阐述了定性经验诊断方法和定量科学诊断方法。

5. 负荷理论

负荷理论对负荷的概念、分类、特性、安排以及调控等有关理论与方法进行了阐述和说明。

负荷分类主要对以下几点进行说明。

（1）外部负荷。

（2）内部负荷。

（3）相对负荷。

（4）负荷强度。

（5）负荷量。

（6）比赛负荷。

（7）训练负荷。

（8）健身负荷。

（9）教学负荷。

负荷的特性包括以下几点。

（1）负荷延缓性。

（2）负荷对应性。

（3）负荷应激性。

（4）负荷渐进性。

（5）负荷目的性。

（6）负荷定量性。

（7）负荷控制性。

（8）负荷选择性。

（9）负荷极限性。

另外，负荷的形式主要包括渐进型、阶梯形、跳跃型和波浪形等方法。

负荷的调控要充分考虑到各种不同的因素，有一升一降、同升同降、相对稳定、一升一稳定，以及一降一稳定等方法。

（二）田径运动训练的基本原则

1. 直观教练原则

我们常说的直观教练原则即在运动训练里面运用多种直观手法，经由运动员的眼睛，让活跃变得活跃，构筑完美的动作表象，使运动员的观察与思维方面的能力得到成长，增进运动员的竞技水平。

在落实这一原则的时候，需要做到以下几点。

（1）提高对科学新技术成果的利用。现代影像技术的进步给人们奉上了不少新的手段。应用立刻摄影技术及录像等手段都能够取得不错的直观效果。

（2）要让教练和活跃的思维之间密切连接。

（3）教练员应非常认真地对待该原则。不但要学会如何运用不同的可以产生作用的手法，还要尽量去实践，如为新运动员，尤其是初学者做直观的动作演示等。

2. 系统训练原则

一直按部就班地对运动训练过程进行组织和管理的训练原则，即系统训练原则。下面对训练里面具体应落实的系统训练原则的几个基本需要进行说明。

（1）训练计划的制订需要科学。一般如果训练计划的制订比较科学的话，训练连续性的保证是没有问题的，从而也有更大机会取得不错的训练效果。

在现代竞技运动里面，运动员必须得有一个长时间的系统训练，这样与厉害角色竞争获胜的概率会大一些。但这种长时间的训练活动，一定得科学地进行整体规划。

（2）要求训练动机要正确，并且要及时建立并强化

运动员的动机是多元和综合的。其中有显示个人能力、渴望取得成就的动机，也有为博取人们的尊敬、亲友的赞扬的动机，还有为国家和集体争得荣誉的动机。

有了动机，人们才有坚定的信念和理想，才能为之奋斗。运动员只有具有强烈的训练动机，才能够积极主动地坚持多年系统的训练，从而攀登运动竞技水平的高峰。

（3）需要以阶段性特征为基本依据来组织训练过程

全程性多年训练依次分为基础训练阶段、专项增进阶段、最佳竞技阶

段和竞技持续阶段。

通常情况下，一个大周期 4~12 个月的训练可以按顺序分为准备阶段、比赛阶段及恢复阶段。

而一次训练课按顺序基本上有准备部分、基本部分和结束部分三个部分。

训练过程的程序性体现在训练的不同之处。因此，在进行运动训练的时候，一定得参照其阶段性的特征，有条理、有顺序地展开。

（4）健全多级训练体制。一般一个运动员系统的训练活动，一定得以健全的训练体制作为保证。我国如今的小学、中学课外训练和杰出运动队训练的三级训练体制，自己都有自己训练的不一样的训练目标。

为使运动员可以一直进行多年系统性训练，应做到以下几点。

①制订每个项目的运动员在不一同年龄段需要哪一部分训练内容的大纲。

②构筑和多年训练各阶段基本任务相匹配的相关竞赛体制。

③构筑相对应地奖惩体系，对中小学、业余体校及运动学校的教练员可以负责任地完成基本要求的训练等任务的予以奖励，对部分追逐私利，不遵守基础训练和初级专项训练规律的教练员进行惩罚。

（5）需要所提供的社会保障要有力

现代运动训练活动早已经并非教练员与运动员彼此的双边活动，而变成了涵盖很大范围的社会性活动。

因此，在市场经济的现在，应对运动员的生活、学习等各方面进行认真地对待。该类有利的社会保障将是运动员一直进行系统训练的不可或缺因素。

3. 机动激励原则

经由多种方法和渠道，激发运动员积极进行持续训练的原则，即机动激励原则。在具体训练里面落实机动激励原则有以下几点需要注意。

（1）要使运动员的不过分的需要尽量得到满足。要对运动员的想法、心态等予以关注，要让运动员的衣食住行好一些。

要构建一个较为不错的人际氛围，并尽最大努力让运动员在安全和自尊心上得到该有的保障。

要带领运动员向“自我实现”的更高层次需要前进，以出现主动想要进行训练与加入。比赛活动的动机。

（2）需要适宜地运用各方面的动力

很好运用精神、物质和信息集中动力，彼此补充，查漏补缺，以获得理想的效果。

（3）需要运动员在训练工作里面的主体作用得到尽情的展现

应使运动员知晓训练到底是为了什么、训练里面到底需要做什么，并让运动员在一定程度上进行训练计划的亲自制订。必须得以此为基，才能使他们变被动式训练为积极式训练。

同时，要大力度使运动员的独立思考的能力得到成长，增进运动员在相对混乱的环境及社会条件下可以相对不错地把握本身的想法、行为等。

（4）进一步密切训练的针对性和价值观之间的联系

经由教育学、心理学的方法，对运动员展开训练针对性和爱国主义教育，使一部分运动员可以慢慢地培养出自觉训练的思想观念。

要让运动员知道拿到杰出运动成绩对自己和身边的人甚至自己的国家的不可或缺性及重大价值，并在此基础上对其奋斗、拼搏的志向进行构筑。

（5）需要教练员展现自身的榜样作用

榜样的力量是非常伟大的。一方面教练员得把握好自己言行的分寸感，同时要学会如何进行教育。摒弃过于粗暴的态度和做法，以自己的知识和经非常有效的训练取得的优异运动成绩来构筑自己的地位，取得运动员的信任，并以此激发运动员的训练主动性。

（6）需要运动员参与训练和比赛的兴趣可以非常有效地激发

运用适合各年龄运动员个性心理特征的方法，来激发运动员加入运动训练和竞赛活动的动机。

儿童和少年的综合身体训练应多以游戏的形式展开，使其可以从相关的训练、比赛的每一次胜利里面让自己变得高兴，一步一步地构筑起为体育事业努力到最后的决心。

4. 竞技需要原则

依照提升运动员竞技水平与运动成绩的理念，以具体情况为主，合理地制订训练的具体内容、方法等因素的训练原则，即我们常说的竞技需要原则。

在参照竞技需要原则展开运动训练的时候，需要做到以下几点。

（1）需要对运动员专项竞技能力的结构特征展开科学、适宜的分析

每个运动内容因为其本身专项的独特性，往往就造成了竞技能力组成要素的差异性。

推铅球、掷铁饼、掷链球的选手一定得有较高的绝对力量和非常不错的立刻抛掷的稳固的实力。

中长跑选手应得有相对来说非常稳定的情绪、较为不错的心肺功能与擅长变化的战术意识和战术能力。

跳跃选手一方面得有一定的爆发力，同时还得要有较为不错的协调能力和较为不错的战术头脑。

接力选手往往得具有和同伴很好配合的合作精神。

因此，对不同专项竞技特征于运动员的竞技能力结构特征的研讨，是对合理训练内容与手法进行选择的不可或缺的前提和不可或缺的点。

（2）需要以竞技的需要为基本的依据来让负荷相关内容的适宜地确定下来

运动员竞技能力的构成有一些显而易见的规律性。

综合来看，在对不一样负荷内容的比例进行确定的时候，要将运动员是多少岁、运动水平如何、现在的发展层次等都考虑进去。例如，田径运动属体能主导类方面，对体能水平需要非常高，因此，在训练过程里面，应将主要的精力放在怎样更有效果地增进体能水平，以获取更强的力量、更快的速度和更久的耐力，并可以以此为基完成自身竞技水平的一直增进。

另外，因为不一样的专项竞技能力的因素和运动员自身情况不一样所产生作用也不同的缘故，因此，一定得适宜地选择负荷内容的训练方法。

（3）需要以运动训练目标为基本的参照，并有目的地展开训练和比赛安排

构筑训练目标是专项竞技和运动员实现个人价值的需要，是组织好训练和比赛活动的不可或缺的参照。

如果是想要构筑与专项竞技和运动员个体需要相一致的训练方面的目标，就一定得对运动员的实际状况非常了解，其可以在科学诊断的基础上进行，这样通过对运动员的训练条件配备的全面的研究，才可以对运动员的发展实力提出一个相对来说比较客观的看法。也只有这样，制订科学的训练计划才更有机会实现，从而确定经过奋斗可能完成的训练目标。

5. 周期安排原则

通常，我们把周期性的组织运动训练过程的训练原则叫做周期安排原则。

（1）训练周期的划分。依照训练周期的长短，能够将训练周期划分为好几种，最常见的基本是三种：一种是全年训练周期，一种是短期训练周期，还有一种是中小周期的运动训练，具体如下。

①全年训练周期的划分

依照全年重大比赛任务，我们会对全年训练周期进行相应的划分，有全国大运动员运动会、全国大运动员田径锦标赛、各省市大运动员运动会（其进行的时间分别为：相隔四年有一次，每年有一次，每两年有一次），目的是为了更好地进行训练方面的一系列准备活动。

基于此，可以将学校全年业余训练周期进行如下划分（表 1-3-1）。

表 1-3-1 高校运动员训练的全年周期

	准备期			赛前期	竞赛期	准备期				竞赛期	过渡期
过渡期	冬训阶段	调整阶段	春训阶段			夏训第一阶段	调整阶段	夏训第二阶段	赛前期		
11 月	12 月	1 月	2 月	3 月	4 月	5 月	6 月	7 月	8 月	9 月	10 月

②短期运动训练的周期划分

短期运动训练时间通常处在 1 个月到 3 个月的范围之内，其训练周期和全年训练周期差不多是一样的。

确切而言，能够将这一周期分为三个阶段，即准备期、赛前期和竞赛期。

③运动训练里面小周期的划分

依照训练课的次数的多少的不一样，所划分的小周期也存在某种差异，确切而言，基本上有以下几种不同的情况。

A. 每一周有 3 次训练课的安排，一般情况下两周 6 次为一个小周期。

B. 每一周有 4 次训练课的安排，一般情况下两周 8 次为一个小周期。

C. 每一周有 6 次训练课的安排，一般情况下一周 6 次为一个小周期。

（2）周期性训练的注意事项

①要以被训练者的实况为基本参照来对训练进行安排。毋庸置疑，训练对象是运动员。若运动员还是青少年，他们到现在应该还没有确定自己以后要做什么，是否要一直做运动员。因此，正处在长身体、学知识的阶段的他们，最先要做的事是好好进行文化的学习。

在训练周期划分上，一方面要把全年重大比赛任务给考虑进去（这是必须的），另一方面也要兼顾运动员的学习等。

总之，全年训练周期应添加部分调整阶段：可一个学期为一个大周期或者以一个月为一个大周期。少年儿童没有比赛相关的任务，在有训练时通常可以不分周期进行。

②要做好周期间的衔接，不能使周期出现间断。通常，前一周期为后一周期的要素与基本所在，后一周期为前一周期的接替与成果。

若是希望可以确保运动员的训练水平逐渐地增进，就一定得要把周期与周期彼此的衔接工作做好。

③要在任何时候对大周期各阶段时间长短进行非常有效果的调整。训练过程里面不可以由于加入比赛活动就随意将准备期的训练时长给缩短等。如果运动员缺少足够的准备期训练，没有进入较为不错的竞技状态就加入比赛活动，不仅仅是会对比赛的运动成绩产生不好的影响，同时还会因为专项训练强化的缘故对运动员的健康造成损害。

最好不要无缘由地将比赛期延长，这样会造成很多不良后果，如比赛负荷过重，运动员心力交瘁等。

6. 区别对待原则

对不一样的专项、不一样的运动员、不一样的训练情况、不一样的训练目标与不一样的训练的条件，全部应有区别地对应安排相应的训练内容，确定对应的训练计划，搭配对应的训练负荷，这样的原则即区别对待原则。

在参照区别对待原则展开运动训练时，最好注意以下几点要求。

（1）需要教练员对运动员的具体情况的熟悉

教练员应认真、无误地对运动员的身体形态进行熟悉，对运动员的运动素质有所了解，对运动员的运动机能有一定把握等。

在整个运动训练的过程里面，教练员要下意识地经由对运动员成绩的观录，训练日记的翻阅，按期组织的测验，第一时间知晓运动员们的实际状况，为合理地落实区别对待原则做必要的准备。

（2）需要将训练里面共性和个性的关系解决到位

不一样的田径运动内容有其不一样的技术特征和演变规律，可是又存有共性。一个运动队不是单个人组成的，它为一个集体，在该集体里面，全部的运动员都有部分共性，但又各有本身与他人不一样的特征。因此，教练员除了对共性问题的关注，还应依照不一样的田径运动内容、不一样的运动员特征，有目的性地制订训练任务，选择适宜练习方法等。

（3）落实区别对待原则的注意事项

运动训练过程本身所涵盖的多样性与多变性特征，要求我们在对区别对待原则进行贯彻落实的时候尽量将多方面影响因素给考虑进去。

实际而言，最基本上的因素分别是：运动专项、训练对象与训练条件，下面我们对其进行具体说明。

①运动专项。运动专项方面主要涵盖两点，一点是专项成绩的决定因素，另一点为专项成绩的相关发展规律。

②训练对象。任何一个训练对象也会有自己与他人不一样的特点，实际而言，基本上反映在以下四个方面。

A. 心理学特征。基本上涵盖有气质、个性和加入训练活动的初衷。在训练与比赛里面，面对不一样性格的训练对象，我们的教练员也最好可以用不一样的语言艺术展开相应的指导。

B. 生物学特征。基本涵盖内容：年龄大小、性别、发育状况、自身的生物节律好坏等。

C. 社会学特征。基本涵盖内容：家庭是否殷实、生活习惯是否规律、理解能力等。如果针对理解能力非常厉害的运动员，教练员可多开展一些必要的讲解让他自己去感悟，不用过多言传身教，让他们可以更快达成训练目标。对理解能力较弱或刚开始加入训练活动的人，教练员则应尽量以示范开头，展现直观教学，使之知晓、熟悉新的技术动作。

D. 训练学特征。基本涵盖内容有受训者年龄、接受负荷能力等。年龄相同而训练年限不一样，安排负荷试验最好也不一样，这样的话可以让刚开始进行训练的运动员在相对适宜的训练要求下达成训练目标。

③训练条件。训练条件基本包括三个方面的内容。

一是表示训练是在哪个阶段。

二是主要表示教练员对不同阶段、不同运动员的特征的知晓，以便在训练时提出有针对性的要求。

三是场地、气候。

第二章 田径运动之体能训练

田径运动员从事体能训练，不仅要学习和了解田径体能训练的基本理论，还要掌握训练的方法。

本章将主要展开对田径体能训练的基础理论和田径体能训练的科学控制方法的介绍。

第一节 田径体能训练的理论基础

一、田径体能训练的生理学基础

（一）田径体能训练的生理本质

一切生物机体都具有“刺激反应适应”的基本特征，生物机体都是在“刺激—反应—适应”反复作用的基础上获得发展的。

这同样适用于体能训练，人体机能也在这样的不断往复中获得了一定程度的提升，从而促使体能进一步发展。

1. 对运动负荷的训练效果

训练效果是“刺激—反应—适应”的最终结果和充分体现。田径体能训练后的恢复阶段，人体所消耗的能源以及酶等物质不仅得以恢复，而且会发生超量补偿；训练过程中所损伤的肌纤维不仅能够获得修复而且修复后的肌纤维会有所增粗，从而产生更大的收缩力量。因此，恢复阶段有助于机体结构的改善和机能的提高。

田径运动员应重视不断重复进行“刺激—反应—适应”的过程，这不仅是身体结构与机能之间的平衡被不断破坏与重建的循环过程，也是机体对训练负荷刺激适应的过程。这一过程的科学性和合理性，可以使运动员获得更好的体能训练效果。

2. 对运动负荷的适应性

机体的基本特征有应激性和适应性两种。田径运动员通过长期系统的体能训练，可促使机体各器官系统的形态、结构、生理机能等方面发生一系列的适应性改变。

其中，系统力量训练引起的肌肉肥大、肌纤维增粗和肌肉力量增长、耐力训练引起的“运动性心脏增大”等，反映了机体对长期运动负荷刺激的良好适应，也充分说明了运动负荷适应性的重要作用。

3. 运动负荷的本质

运动负荷是以身体练习为基本手段对有机体施加的训练刺激。

对于这种训练刺激的反应，机体主要表现为生理和心理两个方面。通常所说的运动负荷是生理负荷，即机体在生理方面所承受的训练刺激。这些刺激对与运动相关的各器官系统的机能状态产生不同程度的影响。因此，生理负荷量的大小可以通过某些生理或生化指标来衡量。

运动负荷通常会通过外部形式和内部形式表现出来。其外部表现为量和强度，内部表现为心率、血压等生理机能指标的变化。

刺激强度与运动负荷的大小成正比，即运动负荷越大，刺激强度就会越大，所引起的机体反应程度也会相对增大，各项生理指标的变化更为明显；反之亦然。

（二）影响田径体能训练的生理学因素

1. 影响力量素质训练的生理学因素

（1）肌肉初长度

田径运动员的肌力大小与肌肉收缩前的初长度呈正比例关系。

造成这一生理现象的原因主要表现在以下几点。

①肌肉本身具有弹性，在受到快速牵拉时可弹性回缩。

②肌肉拉长时，通过牵张反射机制提高了肌肉的对抗力，即用肌纤维回缩的形式对抗肌肉被动拉长。

在田径体能训练中，肌肉初长度对田径运动员动作的充分发挥具有重要影响，如跳跃类项目，运动员在做踏跳、推手、落地等动作中，主动肌的预先被动拉长等都会受到肌肉初长度的影响。

（2）神经因素

①中枢驱动，即人体中枢神经系统动员肌纤维参加收缩的能力。

②神经中枢对肌肉工作的协调及控制能力。

③中枢神经系统的兴奋状态，其会促使机体大量释放肾上腺素、乙酰胆碱等生理活性物质，进而促进肌肉力量增强。

（3）最大肌肉横断面积

即横切某块肌肉所有肌纤维所的横断面积，它是由机体肌纤维的数量及肌纤维的粗细所决定，通常用平方厘米表示。

生理学研究表明，人体每平方厘米横断面积的肌肉在最大用力收缩条件下可以产生3~8千克的肌力。机体肌肉的最大横断面积与该肌肉的力量是正比例的关系，即肌肉的最大横断面积越大，肌肉力量就越大。

在田径体能训练中，田径运动员为了增强肌肉力量，通常会进行相应的力量训练。值得注意的是，肌肉横断面积并不能完全解释力量训练中的所有生理学现象。

（4）肌纤维类型

根据肌肉的收缩特性，可以分为快肌和慢肌两种。其中，快肌产生的收缩力比慢肌大。研究发现，快肌、慢肌的纤维横断面积和收缩力量都可以在力量训练的影响下相应增加，但快肌纤维增加的速度要快于慢肌纤维增加的速度。

2. 影响速度素质训练的生理学因素

（1）影响动作速度和位移速度的生理学因素

①身体形态。

②能量供应。

③肌肉力量。

④遗传因素。

⑤肌纤维百分比。

⑥神经系统的功能。

（2）影响柔韧素质训练的生理学因素

①性别差异。

②年龄特征。

③关节的柔韧性。

④神经过程转换的灵活性。

⑤肌肉组织、韧带组织的弹性。

（3）影响反应速度的生理学因素

①反射活动的复杂程度。它决定了反应时间的长短，对机体的反应速度产生重要的影响。

②遗传因素。调查研究表明，机体的反应速度中遗传因素达 75%以上。

③中枢神经的兴奋状态

机体的反应速度受中枢神经系统兴奋状态的影响，其兴奋度越高，机体的反应速度就会越快。

④注意力集中度

机体反应速度受个体注意力的影响，注意的集中程度越高，机体的反应速度就越快。

⑤刺激强度

机体的反应速度同样受刺激信号强度的影响，信号对机体的刺激越强，机体对信号的反应就越大。

（4）影响耐力素质训练的生理学因素

主要包括有氧耐力和无氧耐力。

①有氧耐力

主要体现在以下几个方面。

A. 能量供应水平。

B. 能量利用效率。

C. 骨骼肌的氧利用。

D. 神经系统的调节能力。

E. 氧运输系统的功能水平。

②无氧耐力

主要表现为以下几点。

A. 骨骼肌的糖无氧酵解能力。

B. 肌肉对酸性物质的缓冲能力。

C. 神经系统对酸性物质的耐受能力。

（三）田径体能训练效果的生理评定

长期系统的田径体能训练能够形成田径运动员独特的身体形态和机能特征，这是机体对运动负荷刺激的良性适应结果，即训练效果。

通过适宜的方法对田径运动训练效果进行分析与评定，可为田径体能训练的科学化提供参考和依据。

关于系统训练的生理学适应特征，可以通过以下几个方面进行评定。

1. 安静状态下的生理学适应特征

经过长期系统的田径运动训练，在运动负荷刺激的作用和影响下，田径运动员的运动系统、氧运输系统、神经系统等各器官系统所表现的良好适应性最为明显。

（1）运动系统的特征

①骨骼肌

田径体能训练对骨骼肌的影响主要表现为肌肉体积增大、横断面积增大、肌肉力量增加等方面。

这是由于体能训练尤其是力量训练，可以促进氨基酸向肌纤维内部的转运，使肌肉组织中收缩蛋白质的合成增加，从而促进肌肉肥大和肌力的增长。

另外，运动负荷、训练状态及抗氧化剂的补充等是影响肌组织抗氧化能力的主要运动性适应因素。

②骨骼

田径体能训练对骨骼的影响主要表现为骨密度的变化。由于每位田径运动员的情况不同，其训练水平、训练年限及运动项目都会存在一定的差异，这样就会对骨密度造成不同的影响，使其产生不同的变化，并呈现出差异性的特点。

研究结果显示，投掷、摔跤等力量性项目的运动员骨密度最高，而耐力性项目运动员的骨密度最低。

（2）运输系统特征

①血液

无论田径运动员有无经过体能训练，血液成分通常没有明显差别，仅某些项目运动员的血液指标有所改变。

②呼吸机能

通常情况下，经过长期体能训练的田径运动员的呼吸肌力量较强，肺活量大，呼吸深度和肺泡通气量大，气体交换的效率高，呼吸肌耐力较好，连续 5 次肺活量测定值（每次间隔 30 秒）逐渐增大或者平稳保持在较高水平。未经过体能训练的田径运动员通常达不到如此良好的状态。

此外，人体对呼吸运动的控制能力通常是用闭气时间来衡量的，运动员训练水平越高，闭气时间就越长。

③循环机能

体能训练对田径运动员的心脏形态结构和心血管机能都会产生影响。其中，安静时心率缓慢和心脏功能性增大是主要的表现形式。

优秀的耐力项目运动员，其安静时的心率只有 40~50 次/分钟甚至更低，表现出明显的机能节省化现象。

（3）神经系统的特征

经过系统体能训练的田径运动员，在安静状态下能够显示出良好的机能特征，在从事田径运动时也能够表现出机体机能在动员、生理反应程度以及运动结束后的恢复过程方面明显的优势与特征。

2. 田径运动员在运动与恢复期的生理学特征

（1）肌肉活动高度协调

肌电图研究显示，在完成相同的定量负荷时，经过系统训练的田径运动员，肌肉活动程度较小，主动肌、对抗肌和协同肌之间高度协调，肌电振幅和积分值较低，且放电节律清晰，动作电位集中并发生在动作时，在相对安静时动作电位几乎完全消失，表明有关中枢活动的高度协调。

（2）心肺机能变化较小

没有经过系统训练的田径运动员主要是靠提高心率和呼吸频率来增大每分钟心输出量和肺通气量。经过系统训练的田径运动员完成定量负荷时，心肺机能的变化较小，心率和心输出量较未经系统训练者低，心率增加的幅度较小，而每搏输出量增加较多，呼吸深度大，呼吸频率较慢。

（3）田径运动员对极限负荷的反应特征

在完成极限负荷运动时，要求机体充分发掘自身最大潜力，使相关的各器官系统机能达到最高水平。与没有系统训练者相比，优秀田径运动员的生理功能水平高，机能潜力大，表现出非凡的运动能力和对极限负荷的适应能力。

通常情况下，评定田径体能训练效果的指标主要是氧脉搏、最大摄氧量、最大累积氧亏、最大做功量等极限负荷运动时的生理指标。

①最大做功量是受试者在递增负荷达到极量时所完成的功。经过系统训练的运动员最大做功量和做功效率都明显高于未经系统训练者。与未经系统体能训练者相比，优秀的田径运动员在完成极限负荷工作时表现出较高的机能水平和运动潜力，并且在运动开始时，机体机能动员得快，运动结束后机能恢复得也快。

②最大摄氧量是反映心肺功能的综合指标，最大负荷运动时未经系统训练者只有 2~3 升/分钟，而优秀运动员可高达 5~6 升/分钟。

③最大累积氧亏（MAOD）是人体从事极限强度运动时，完成该项运动的理论需氧量与实际耗氧量之差。研究证明，优秀的短跑运动员 MAOD 值明显高于耐力项目运动员。因此，田径运动员在进行不同的运动项目训练时，应注意 MAOD 的变化，从而有效避免对运动项目的训练效果产生消极的影响。

④氧脉搏是能够有效反映心脏工作效率的指标。

二、田径体能训练的生物化学理论

合理掌握人体运动时物质、能量代谢以及身体机能变化的基本规律，合理安排训练计划，并选择最适当的训练方法，运动员才能实现最佳训练效果。

下面从物质能量代谢、训练方法的生物化学基础以及运动素质转移方面进行详细介绍。

（一）物质能量代谢

人体的物质和能量代谢能力是体能的核心因素，对人体的各种运动能力和机能水平具有决定性影响。

根据生物化学的研究，可以把人体能量代谢归纳为磷酸原供能系统、糖酵解供能系统和有氧氧化供能系统。根据不同田径运动项目的特点和要求，能量代谢方式的占比也会有所不同。

1. 速度、力量的代谢基础

（1）磷酸原供能系统

它主要用于短时供能，通常为5~8秒，但输出功率最大。磷酸原系统的训练可采用专项或专门的最大用力，且在5~10秒内重复性练习。在5~10秒大强度运动时，能量的供应几乎全部来源于磷酸原供能，在恢复间歇中仅有少量的乳酸生成。

磷酸原供能系统训练最重要的是掌握休息间歇时间。如果间歇时间太短，磷酸原恢复量少，血乳酸水平明显上升，此时对发展磷酸原供能是不利的；若时间过长，磷酸原虽能完全恢复，但是训练密度不足以刺激磷酸原，也不利于磷酸原系统供能能力的提高。

（2）糖酵解供能系统

高强度运动是提高糖酵解供能能力的最有效方法。在极量强度运动中，随着腺苷三磷酸（ATP）、磷酸肌酸（CP）的迅速消耗，糖酵解供能过程在数秒内即可被激活，当运动持续30秒钟左右时其供能达最大速率，可维持1~2分钟，随后供能速率下降，其主要表现为运动强度下降。

2. 有氧耐力的代谢基础

有氧耐力的代谢基础主要包括糖、蛋白质、脂肪的有氧代谢。

有氧代谢供能是指在有氧条件下能源物质氧化分解，生成二氧化碳和水，同时释放能量的供能过程。田径运动员可以通过长时间间歇运动训练来提高有氧代谢供能能力。

由于有氧代谢供能需要大量的氧气，因此，除运动时间长以外，还要求降低运动强度，间歇时间也需延长。

3. 三大供能系统之间的关系

人体在进行不同项目的运动时，主要由一个供能系统完成供能任务，但是整个供能任务需要两至三个供能系统才能完成。每个供能系统都有其独特的特点和供能能力，这也是它们分别在不同运动项目中起主要供能作用的决定性因素。通过对三大供能系统的特点的了解，对于分析和掌握不同运动时的主要供能系统有积极的促进作用，对于发展某一运动能力时涉及的主要供能系统也有非常重要的意义。

（二）训练方法的生物化学基础

不同田径运动项目的训练方法各不相同，其训练方法的生物化学指标也具有较大的差异。我们从运动能力的遗传性、速度和耐力三大生物化学指标进行详细的介绍。

1. 遗传性

田径运动员的运动能力主要通过骨骼肌中 ATP/CP 含量、肌红蛋白含量、血红蛋白含量以及最高血乳酸浓度等因素反映出来，而这些因素主要受遗传影响。

2. 速度

机体的磷酸原和糖酵解系统的供能能力决定着田径运动员的速度素质。因此，通过田径体能训练，使这两个供能系统发生适宜变化，并使其产生适应，进而达到其提高供能能力的目的的训练，能够有效提高田径运动员的速度素质。

要提高磷酸原供能能力，原则上运动强度要达到最大，运动时间不要超过 10 秒。如果需要多次重复，每次运动后应至少休息 30 秒，完成 10 次运动后，应休息 3~4 分钟。

要提高糖酵解系统的供能能力，原则上可采用 1 分钟全力运动、4 分钟休息的重复多次训练方法，重复 5 次为一组，休息一段时间后再进行下一组训练。这种训练方法可有效提高糖酵解系统的供能能力。

3. 耐力

田径运动员的有氧氧化系统供能能力越高，其耐力就会越好。因此，田径运动员要想提高耐力，就需要选择时间较长、强度不高的田径体能训练方法。

例如，效果较好的长跑、长距离游泳、骑自行车等运动方式，要求一次连续运动的时间在30分钟以上。

对于专项性较强的田径运动员而言，还可以采用乳酸训练法，即以使血乳酸达到4毫摩尔/升的强度进行运动训练。

（三）运动素质转移

发展某项田径体能素质时，田径运动素质会对其同类素质或其他素质的发展产生影响。

因此，熟练地掌握田径体能训练运动素质转移的基本理论及内在规律，可以帮助田径运动员取得最佳的训练效果。

1. 田径体能训练运动素质转移的类型

（1）同类转移与异类转移

根据田径体能训练运动素质之间的关系划分而成。

①同类转移。同类转移是指同一类运动素质向不同运动项目或不同动作上的转移。例如，举重项目的力量训练可提高田径运动员在投掷、跳跃等运动项目方面的力量水平。

②异类转移。所谓异类转移是指存在于不同运动素质之间的转移。

例如，力量素质与耐力素质之间的转移，力量素质与速度素质之间的转移，耐力素质与速度素质之间的转移。

在运动素质的不同类转移中，最为常见的转移现象是力量素质的提高促成了速度素质的提高。

（2）可逆转移与不可逆转移

根据田径体能训练运动素质转移产生效果的可能性划分而成。

①可逆转移

所谓可逆转移，即发生转移的双方相互之间可以产生转移的效果，任何一方的发展都可使对方产生变化。

例如，在力量素质和速度素质之间可实现相互转移。

②不可逆转移

不可逆转移是指单方面的影响和作用。

例如，在速度素质的发展中，动作速度的提高能够促进反应速度的提高，但是反应速度的提高却不能够促进动作速度的提高。

（3）直接转移与间接转移

根据田径体能训练运动素质转移的方式划分而成。

①直接转移

直接转移是指一种运动素质的发展会直接导致另一种素质的改变，或者在同一种素质中产生直接的变化。

例如，田径运动员通过提高腿部伸肌的动力性力量水平，则会直接促进跑速提高或跳跃速率的提高。

②间接转移

间接转移是指一种运动素质的发展不能直接引起另一种素质的发展，而仅仅为其发生变化提供了先决条件，或间接促使同一种素质的发展。

例如，采取静力方式增强腿部的力量，尽管不能够直接提高跑速，但是通过静力性力量训练改变了肌肉的形态结构，并且使肌肉的最大力量获得迅速提高，从而促使其逐步转变为动力性力量，最终提高了跑速。

（4）积极转移与消极转移

根据田径体能训练运动素质转移产生的效果划分而成。

①积极转移

即当一种运动素质得到发展时，可促进另一种素质的提高；或在同一种素质中，从一种表现形式的发展转移为另一种形式也得到良好发展。

例如，动力性力量的提高可以促进速度素质和灵敏素质的发展，运动员最大速度的提高可促进速度耐力的发展。

②消极转移

即一种运动素质的发展对另一种素质的发展产生不利影响；或在同一种运动素质中，某一种表现形式的发展影响了另一种表现形式的提高。

例如，在田径十项全能的训练中，田径运动员为提高速度力量性运动项目的成绩而进行力量素质训练，这很容易降低 1500 米跑运动项目的耐力素质。

2. 田径体能训练运动素质转移的机制

田径体能训练运动素质转移的机制主要包括有机体的整体性、动作结构的相似性和能量供应来源的同一性三个方面。

首先，有机体的整体性是影响田径体能训练运动素质转移的重要机制之一。在田径体能训练中，田径运动员所表现出的运动素质，都是在中枢神经系统的支配下发挥各器官系统的综合作用的结果。

其次，田径体能训练中的各种运动动作的结构及肌肉各种特征越相似，则运动素质转移的可能性就越大。

最后，能量供应来源的同一性也是影响田径体能训练运动素质转移的因素之一。例如，有氧耐力转移的主要原因是有氧耐力是其他耐力的基础，有氧耐力的训练水平对有心血管系统与呼吸系统的机能状况起着决定作用。

3. 田径体能训练运动素质转移的关系

田径运动员在进行田径体能训练时应注意按照各运动素质之间的内部联系，选择最有效的训练手段，还应尽量避免运动素质的不良转移的出现。因此，田径运动员需要注意以下几个方面的关系。

（1）训练不同时期与运动素质转移效果的关系

田径运动体能训练的不同时期对运动素质转移的效果具有一定程度的影响。田径体能训练运动素质的直接转移效果十分显著，且转移效果在短时间内可以表现出来。

田径体能训练运动素质的间接转移需要较长的时间，其通常运用于大周期训练的准备期的第一阶段或比赛期的开始阶段，以促使形成竞技状态，从而充分发挥其转移效果。

（2）转移效果与运动负荷的关系

为了使运动素质产生良好转移并获得理想效果，田径运动员需要保证一定的训练量，通过促使某种运动素质的发展，可以增加运动素质转移的可能性。

田径体能训练运动素质的转移在一定限度内与运动负荷成正比，运动负荷量越大，其转移的效果就会越明显。

（3）体能训练与运动素质转移程度的关系

田径运动员的体能训练水平会对运动素质转移程度产生很大影响。

田径运动员在田径体能训练中应重视对训练手段的选择，通过采用更加有效的、能够产生良好转移效果的训练方法，促进运动成绩的进一步提高。

（4）发展运动素质与运动素质转移后果的关系

田径运动员在发展某种运动素质时，应注意安排一些能够促使运动素质产生良好转移的训练，通过这些训练所产生的良好转移效果来提高自身的运动素质。

如果田径运动员在训练中能够预见某种训练会产生不良转移时，就需要对训练的时间、次数以及其他练习手段和方法进行认真考虑和合理安排，从而弥补运动素质不良转移产生的不利后果。

（5）间接转移与转移效果的关系

在田径体能训练运动素质发展中，运动素质的间接转移通常需要有一个较长时间的转换过程，在短期内很难表现出来。

因此，田径运动员要提高自身的体能训练水平，就需要充分利用一切可以利用的因素，合理安排能够产生间接转移效果的训练。

第二节 田径体能训练的科学控制

一、田径体能训练计划的制订

（一）制订训练计划的依据

田径体能训练计划的制订者必须树立科学的态度，制订的训练计划必须符合体能训练和人体生长发育的客观规律，必须依据科学原理，将实现训练目标的需要与提供训练主、客观条件的可能有机地结合起来。

因此，田径体能训练计划的制订依据应该包括以下几点。

1. 体能的起始状态

体能的起始状态是确定训练目标的基础，是整个体能训练过程的出发点。

为实现目标转移而制订的训练计划，只有符合运动员体能的现实状态方能被运动员所接受，从而使运动员的体能产生明显变化。

2. 体能训练过程的客观规律

体能训练过程的客观规律主要包括训练生物适应的产生与变化规律、体能的发展规律、各种身体素质的特殊规律、训练计划的连续性与阶段性、训练过程的可控性与多变性规律等。

遵循体能训练过程的客观规律是科学化训练的本质特征，是训练计划科学性的重要表现形式，只有这样才能保证训练的成功。

3. 组织实施训练活动的客观条件

训练场地、器材的质量与数量、营养条件、恢复条件等都是组织实施训练活动重要的物质基础。

4. 体能训练目标

任何一种训练计划都是围绕如何完成既定训练目标而制订的。为使运动员由起始状态向目标状态转移，就必须选择与设计最佳的通路，这一通路就是训练计划。

所以，训练计划的制订必须考虑到实现目标的需要，而训练目标是在制订训练计划之前必须完成的一项重要工作。

（二）制订训练计划的要求

1. 制订体能训练计划要有明确的指导思想和特色

指导思想应随训练主体及训练的客观条件的改变而调整变化。体能训练实践活动本身是教师与运动员进行的创造性劳动。

因此，我们可以在训练实践中，借鉴前人创造的内容，但是教练员与运动员也应有创新意识，因为没有创新就不会有发展，也不能持续取得优异成绩。

2. 注意体能训练计划的简明性和实用性

体能训练计划的文字要简练，图文并茂，使之一目了然。

各项内容应做到明确、具体、定量化，以便训练的实施、检查和评定。

3. 体能训练计划的稳定与变更

制订体能训练计划时，要处理好计划的相对稳定与变更的关系，实现系统安排与科学调控相结合。

4. 体能训练计划制订的科学性

体能计划是控制训练过程的基础和标准，是系统训练的保证。

（三）不同训练计划的制订

体能训练计划的制订是以运动员体能现状和确定的体能训练目标为主要依据，并且与体能发展的内在规律相结合，是保证运动员体能由现实状态向目标状态有效转移的理论上的行动方案。

运动训练计划的制订与实施，是运动训练过程的中心环节，贯穿于教练员与运动员的全部训练实践活动之中。

通常体能训练计划中的内容主要包括运动员体能状态的初步诊断，体能训练的目标、阶段、任务、对策、方法、手段、负荷要求，规划体能训练负荷的动态变化趋势，平均体能训练效果的方式、时间和标准等。

体能训练计划按照时间跨度进行划分，可以分为多年计划、年度计划、阶段计划、周计划、课计划等。

1. 多年计划

多年体能训练计划是参与者多年训练过程的总体规划。由于多年训练时间跨度很长，因此计划的制订具有宏观性、战略性，计划内容也只是框架型。

（1）确定多年计划需考虑的因素

多年计划的确定需要考虑的因素有以下几个方面。

①年龄。

②特长。

③身体发育。

④训练弱点。

⑤道德品质。

⑥运动成绩。

⑦努力方向。

⑧竞技水平。

⑨发展目标（还要根据发展目标，对每年身体训练水平的指标进行确定）。

（2）对每年训练的主要任务和手段的确定

对每年训练的主要任务和手段的确定需要注意以下几点。

①训练任务和手段必须以全面的身体训练为出发点，广泛采用促进机体的生长发育和身体全面发展的练习手段。

②在计划中要合理安排训练的年训练量、训练时数、身体训练与技术训练比例等，逐年加大训练的量和强度，逐年提高对运动员的身体机能水平的要求。

③从实践中可以看出，运动员只有充分掌握田径运动项目的完善技术，通过多年训练逐步具备良好的身体能力，才能在比赛中创造优异成绩。

（3）多年训练计划的主要内容

一般来说，多年训练计划分为四个阶段：基础训练阶段、初级训练阶段、专项训练阶段、高级训练阶段，下面对其每个阶段的具体任务的主要内容进行说明。

①基础训练阶段

基础训练阶段主要任务包括以下几点。

A. 促进发育。

B. 发展动作速度。

C. 全面发展身体素质。

D. 并加强躯干肌肉的一般力量训练。

E. 学习和掌握专项和多项基本技术。

②初级训练阶段

初级训练阶段主要任务包括以下几点。

A. 进一步发展并提高专项素质。

B. 掌握合理的专项技术，提高专项训练水平。

C. 在继续从事多项训练的基础上，进行初期的专项训练。

③专项训练阶段

专项训练阶段主要任务包括以下几点。

A. 加强对运动员专项理论知识的学习。

B. 继续加强全面训练，使专项素质得到进一步提高。

C. 通过比赛使运动员的适应能力及心理素质有所增强。

D. 对专项技术进行巩固和完善，使专项技能和训练水平有所提高。

④高级训练阶段

高级训练阶段主要任务包括以下几点。

A. 充分挖掘潜力。

B. 进一步完善完整技术。

C. 强化各项身体素质、专项素质和专项能力。

D. 较多地参加国内外各级比赛以保持高水平的成绩。

（4）多年训练计划的指标制订

首先，多年训练计划各阶段训练指标是以整个训练过程最终的运动成绩指标和竞技能力指标为依据，并结合不同阶段的训练任务而制订的。

其次，计划的确定要求每个阶段都应该提出相应的训练指标，即各阶段的运动成绩指标和竞技能力指标，并作为评价训练状态的依据。

最后，多年训练指标的设定要依据运动员竞技状态的发展变化规律系统地安排，使竞技状态高峰在高级训练阶段出现。

（5）多年训练计划的实施

具体的多年训练计划的实施在各阶段的一般身体训练、专项身体训练和技术训练的比例中得到了较为充分的体现，而对这个比例起到决定性作用的常常是运动员的训练水平。

2. 年度计划的制订

年度计划是组织运动训练过程的最主要的计划。

（1）年度训练计划的适用场合

一般适用于学校教育中的体能训练。

（2）年度训练计划的确定依据

①运动训练的器材。

②运动员的基本情况。

③运动员的训练水平。

④运动员的训练场地。

（3）年度训练计划类型

一般来说，年度训练计划主要分为三种类型。

第一种是全年为一个大训练周期的单周期训练计划，包括准备期、竞赛期和过渡期。

第二种是全年分为两个大训练周期的双周期训练计划，包括两个准备期、两个比赛期和一个过渡期。

第三种是在全年中设有多次比赛的年训练计划，在两次比赛的间歇期，应进行一定强度水平的训练或安排积极性休息。

目前，根据我国田径运动比赛和教育的特点，可将每年度训练计划分为两个时期，即秋冬时期和春夏时期。介绍如下。

①春夏时期（3~7 月）的训练实施

首先，春夏时期是测试的集中期，主要任务是在测试中达到最好水平。

其次，这一阶段要以发展专项身体训练水平为主，完善专项技术，多进行完整的专项技术练习，同时要培养运动员的思维能力，提高其比赛的能力和自信心，形成最佳的竞技状态，在测试中创造好成绩。

最后，此阶段的负荷总量要稳定，负荷强度增加至最高点且保持稳定。为了保持最佳竞技状态，训练的量和强度还可以根据测试的需要进行适当的调整。

②秋冬时期（9 月至次年的 1 月）的训练实施

首先，秋冬时期的主要任务是提高一般身体训练水平，进一步发展力量和其他身体素质，改进技术。

其次，在安排训练时，还应根据南北方的不同特点，科学筹划，合理安排。

最后，此时期的运动负荷应以大运动量练习为主，各种练习要数量多、范围大，但强度较低。如果学校在此期间安排测试，在测试前应适当加大运动负荷强度，测试结束后再进行身体训练。

3. 阶段计划的制订

阶段计划也被称为中周期，通常由数周至数月组成。它由若干个小周期组成，同时又是构成大周期的基本单位。因此，年度训练计划实际上已对阶段训练的任务、时间跨度，运动负荷水平等有了基本安排。在具体制订阶段训练计划时，很重要的一点是根据项目的特点和该阶段的主要训练任务，确定小周期之间的序列和节奏。

在体能训练中，阶段训练计划的实施可以分为以下几个不同阶段。

（1）引导阶段

该阶段的训练量和运动强度呈逐渐上升之势。

①目的

主要用于过渡期之后的年度训练之初。

②持续时间

通常为 2~3 周。

（2）一般准备阶段

①目的

A. 努力提高机体机能的总体水平。

B. 全面发展身体素质和运动技能。

②持续时间

通常为 4~8 周。

（3）专门准备阶段

①目的

A. 提高训练强度。

B. 改进专项技术。

C. 提高专项训练水平。

②持续时间

通常为 4~8 周。

（4）赛前准备阶段

该阶段是准备阶段与比赛阶段之间的过渡。

①目的

提高竞技状态。

②持续时间

通常为 3～6 周。

（5）比赛阶段

该阶段是在主要比赛期间的一种训练形式。

①目的

A. 巩固最佳竞技状态。

B. 力争创造优异成绩。

②持续时间

取决于竞赛日程和比赛规模。

4. 周计划的制订

周计划由数次训练课组成，它是训练过程中相对完整又重复的单位。这种训练计划比较适用于学校、田径运动教学训练。

（1）周计划的制订依据

确定周计划的依据是课余训练时期和假期训练时期以及短期训练的训练任务、运动量、运动强度等要求。

（2）周计划的时间安排

为了达到周训练周期更为灵活的目的，一般会将时间保持在 4～10 天，或表示为 7±3 天。

（3）周计划的类型

一般情况下，可以将周训练分为以下四种基本类型。

①基本训练周训练。

②赛前诱导周训练。

③比赛周训练。

④恢复周训练。

（4）制订周计划的意义

周训练计划在各类训练计划中起着“承上启下”的作用，是落实短期训练计划、全年训练计划和多年训练计划以及规定各次训练课的任务、内容、方法的重要环节。

通常情况下，人们往往会将周训练作为组织训练活动极为重要的基本单位。

另外，为适应不同任务而制订的各种相应的周训练计划，也往往会有较为显著的不同的运动负荷变化特点。

5. 课计划的制订

（1）课计划制订的依据

周训练计划规定的各个课次的训练任务以及当日运动员机能情况、场地器材、气候等实际情况。

（2）课计划的内容

包括对运动员提出的完成练习内容、数量、质量的具体要求。

（3）课计划的类型

训练课一般根据课的基本任务可以分为综合训练课和单一训练课两种类型。

6. 制订训练计划的注意事项

（1）制订体能，训练计划，应遵从循序渐进、巩固提高的原则，使受训者的体能稳步提高。

（2）制订体能训练计划前需要对受训者做体能检测和状态诊断，以确定明确的发展目标和运动负荷。

（3）制订体能训练计划要考虑可利用的条件和环境，尽量创造有利于受训者身心健康的方法和环境。

（4）力量训练的安排以间隔 42～72 小时为宜，速度训练的安排以间隔 72 小时为宜，耐力训练的安排以间隔 24～42 小时为宜，柔韧性的训练不要急于求成，要坚持进行。

（5）制订体能训练计划不是一蹴而就、一成不变的，应该根据受训者体能变化的监测和条件的变化不断调整，以保证使受训者的体能得到最充分地发展。

（6）制订体能训练计划时，应注意某一项素质的发展与身体全面发展相结合，以达到最后体能的整体性提高。

（7）制订体能训练计划要注意使受训者体能训练与社会适应能力和野外生存能力提高相结合，同时注意安全措施保证。

二、运动医务监督

对运动医务监督可以从以下几点来认识。

（1）运动医务监督是运动医学的重要组成部分。

（2）它运用的是生物及医学的理论和技术手段。

（3）它一般要求对体育锻炼者的健康和机能进行及时的监护，预防训练过程中出现的有害因素对身体造成的不必要伤害。

（4）它要求督导和协助锻炼者进行科学的训练，使之符合人体生理和机能的发展规律，以实现体育锻炼的目标。

由此可知，科学、合理、系统的运动医务监督不仅对于运动员实现体育锻炼目标起着非常重要的作用 r 而且还能预防运动疲劳及运动性疾病的发生。

（一）体格检查

1．什么是体格检查

体格检查是运用眼、耳、鼻等感觉器官或者借助简便器械对人体进行的身体检查。它是了解运动员身体机能状况和身体健康水平的重要内容，也为不同运动项目对运动员的特殊要求做好了监测工作。

2．体格检查分类

根据体格检查的不同目的和要求，可以分为初查、复查和补充检查三种形式。

（1）初查

①对象

初次参加训练的运动员或学生。

②目的

A．了解他们的身体发育、健康状况和各器官系统的功能。

B．判断其能否按照体育教学大纲参加运动。

C．为教练员制订训练计划和选择训练方法提供依据。

（2）复查

①对象

参加了一段时间体育运动的学生或运动员。

②目的

A．了解学生或运动员的身体发育、健康和各器官系统功能的变化。

B．判断教学、训练效果。

C．为调整健康分组或制订新的训练计划提供依据。

（3）补充检查

①对象

A．健康分组时转组的学生或是参加重大比赛前的运动员。

B．因为伤病长期停训后又重新参加训练的运动员。

②检查重点

心血管系统和原有伤病的组织器官。

3. 运动员体格检查的要求

运动员的体格检查不同于一般的常规检查，具有不同的要求。

（1）体格检查制度化、标准化

由于不同的运动项目对运动员的体能和素质有不同的要求，因此，需要制订针对不同运动项目的体格检查内容、标准等。

（2）建立运动员健康档案

教练员通过分析运动员体格检查的资料，可以准确地判断运动员的整体健康状况。

建立健康档案就是为了了解运动员不同阶段体质状况和健康水平的变化规律，及时发现运动性伤病，以提供相应的、合理的医疗措施，还能为教练员合理安排运动内容提供科学依据。

因此，健康档案是伴随运动员整个运动生涯的重要文件。

（3）加强伤病防治意识

减少运动性伤病的发生，及时治疗运动性伤病，就需要培养各级训练单位特别是基层训练单位的教练员和运动员的伤病防治意识。

4. 体格检查的作用

通过体格检查，可以发现田径运动员的机能缺陷和潜在的伤病因素，从而使教练员准确判断该运动员是否符合专项训练要求，并为该运动员提供相应的伤病防治措施。

（二）自我医务监督

对自我医务监督可以从以下几点来认识。

（1）自我医务监督指体育锻炼者在体育锻炼过程中，对自身健康状态和生理功能变化进行观察，并定期记录于锻炼日记中，供本人、指导者和医师参考。

（2）自我医务监督的目的在于掌握运动量并科学地调整锻炼计划，防止过度疲劳和运动性损伤发生，有利于体育锻炼者健康水平的提高。

1. 自我医务监督的内容

自我医务监督可以分为主观感觉和客观检查两部分。

（1）主观感觉

①运动心情

它是反映学生锻炼欲望的指标。锻炼欲望的强弱取决于锻炼者的身体机能状况。身体健康、精神状态良好的人，总是乐于参加体育运动。若精神萎靡、软弱无力、对锻炼不感兴趣甚至厌倦锻炼，则可能是由于身体患病、锻炼过度或者是锻炼方法不当造成的。

②不良感觉

在剧烈运动或比赛后，由于机体疲劳，大部分人会产生不良感觉，如肌肉酸痛、关节疼痛、四肢无力等。

除了出现上述症状外，如果还有头痛、头晕、恶心、气喘、心悸等现象，说明运动量安排不当或身体健康状况不良，这就需要去医务部门检查，并采取相应的措施防止运动性损伤的发生。

③睡眠

良好的睡眠能保证旺盛的精力和体力，经常参加体育锻炼的人，通常具有良好的睡眠。良好的睡眠状态指入睡快，醒后精力充沛。如果入睡迟、夜间易醒、失眠、睡醒后仍感疲劳，表明锻炼的负荷已超过了机体的负担能力或机体已疲劳，需要及时调整。

④食欲

健康的青少年学生食欲应当良好，在参加体育运动过程中，能量消耗较多，他们的食欲应该更好些。如果运动后不想进食、食量减少，并在一定时期内不能恢复食欲，可能是运动量安排不当或是健康状况不良。

⑤排汗

排汗是人体散热的一种方式。运动时的排汗量与运动量大小、锻炼程度、饮水量、空气的温度和湿度、衣着厚薄以及神经系统状况有密切关系。如果在适宜的外界条件和适宜的运动负荷下，大量出汗或安静时出汗甚至夜间盗汗，表明身体机能状况不良，健康状况下降或近期运动负荷过大。

（2）客观检查

①脉搏

在自我医务监督中，常用晨脉来评定锻炼水平和身体机能状况，晨脉是早晨醒来起床之前测得的每分钟脉搏数，它反映了基础代谢下的脉搏。

健康人的晨脉是基本稳定的。若每分钟比过去多 12 次以上，表明机能反应不良，可能与疲劳未能消除或感染存在有关。如果晨脉数比过去增加明显且长期无法恢复到原有水平，可能是早期过度锻炼的反映，应做进一步检查。

②体重

正常成年人体重较为稳定。健康人在大负荷运动后，由于体液的丧失，会有一时性体重下降，但一两天后就能恢复正常。

自我医务监督时，锻炼者每周测量体重1次①。如出现体重“进行性下降”并伴有其他征象时，可能是过度锻炼或伴有其他疾病，应及时到医院检查。

③运动成绩

运动成绩的高低主要取决于运动技术水平和身体机能这两大因素。在锻炼过程中，在技能水平提高的情况下，运动成绩若下降则是身体机能状况不良的表现。

一般坚持进行合理锻炼，运动成绩会逐步提高或保持在较高水平上。如果照常锻炼而运动成绩没有提高甚至是下降，动作也失去了协调性，熟练的动作不能完成，则有可能是身体健康不佳或过度锻炼造成的，应通过自我医务监督找出原因并及时解决问题。

总而言之，要根据具体情况进行综合分析，找出主要问题，以做出科学判断。

2. 自我医务监督的方法

运动负荷是否适宜需要因人因时而异。

运动负荷量的安排，要从主、客观的实际情况出发。

下面介绍几种常用的自我医务监督的方法。

（1）脉搏

测量脉搏可以测10秒钟的脉搏数，连续测量三次，取其稳定值，然后再乘6，就是每分钟的脉搏频率。

如果在安静时的脉搏频率逐渐下降或不变，说明身体状况良好；若每分钟脉搏频率增加18次以上，就说明机体反应不良，但是训练者没有其他的病因，那可能就是运动量过度造成的。

（2）隆勃试验

它是测验中枢神经系统时了解身体控制能力的一种方法。测试时，令学生双脚并拢站立，两臂向前平伸、闭眼，以观察训练者身体的稳定程度和持续时间。必要时可单腿站立完成上述动作。

如能稳定站立15秒钟以上，眼睑和手指不发生颤抖，则视为协调性良好；如果动作不稳定，不能站立15秒钟，眼睑和手指发生颤抖者，则

① 每次测量应在同一时间内进行。

评定为协调能力差，表明神经系统运动协调异常，应进一步作医学检查。

三、常见运动损伤及其处理

运动损伤是指在体育运动过程中所发生的各种损伤。

它的发生与运动训练安排、运动项目与技术动作、运动环境与条件等因素有关。

通过总结运动损伤发生的原因、治疗效果和康复时间等，可为改善运动条件、方法训练等提供科学依据和指导。

（一）运动损伤的原因

1. 运动损伤预防意识薄弱

在进行体能训练时发生运动损伤，与运动员的运动损伤预防意识薄弱有关。

在田径体能训练中，运动损伤发生的原因往往是没有积极地采取各种预防措施。特别是对于青少年来说，由于他们缺乏一定的经验，思想上往往麻痹大意，在进行体育锻炼时往往是盲目或冒失的，还有些时候会情绪急躁、急于求成，往往不遵循循序渐进、量力而行的原则。

除此之外，运动员在练习中产生的恐惧、害羞等因素，也会使之出现犹豫不决、过分紧张等不良情绪，从而造成运动损伤。

2. 体能训练安排不合理

在进行体能训练时，体能训练安排不合理是导致运动损伤的重要原因之一。

通常，不合理的训练安排主要体现在准备活动不足、运动负荷过大、运动项目选择不当、运动组织方法不当等几个方面。

因此在进行体能训练前，首先要了解自己的身体状况，并根据科学的运动水平检测来选择适宜的运动量。

（二）常见运动损伤及其处理

1. 常见急性损伤的处理方法

（1）挫伤

①挫伤简述

挫伤是指在钝重器械打击或外力直接作用下使皮下组织、肌肉、韧带或其他组织受伤，而伤处皮肤往往完整无损或只有轻微破损。

②发生挫伤后常会出现的症状

A. 疼痛。

B. 肿胀。

C. 皮下出血。

③发生挫伤后的处理方法

受伤后应马上进行局部冷敷、外敷新伤药等，适当加压包扎，并抬高患肢，以减少出血和肿胀。

A. 肱四头肌和小腿后群肌肉的严重挫伤

多伴有部分肌纤维的损伤或者断裂，组织内出血形成血肿，应将肢体包扎固定后，迅速送医院诊治。

B. 头部、躯干部的严重挫伤

可能伴有休克症状，应认真观察呼吸、脉搏等情况。休克时，应首先进行抗休克处理，使伤员平卧休息、保温、止血，疼痛严重者可口服可卡因或者肌肉注射哌替啶，并立即送医院诊治。

（2）肌肉拉伤

①肌肉拉伤简述

肌肉拉伤指肌肉主动强烈地收缩或被动过度地拉长所造成的肌肉细微损伤，肌肉部分撕裂或完全断裂。

②肌肉拉伤后常表现出的征象

A. 局部疼痛。

B. 压痛。

C. 肿胀。

D. 肌肉发硬。

E. 痉挛。

③肌肉拉伤后的处理方法

肌肉拉伤时应立即采用氯乙烷镇痛喷雾剂等进行局部冷敷，加压包扎，并把患肢放在使受伤肌肉松弛的位置，以减轻疼痛。

（3）关节损伤

①指间关节扭伤

A. 常表现出的征象

a. 疼痛剧烈。

b. 局部压痛。

c. 关节周围红肿。

d. 运动功能发生障碍。

B. 处理方法

a. 如果是急性扭伤，要立即进行冷敷，然后局部外敷药并固定。

b. 如果出现指间关节韧带断裂的情况，就应将伤指屈曲位固定 3 周。

c. 如果拇指、小指尺侧和食指桡侧韧带均出现断裂，就必须用夹板固定。

d. 如果伤情较为严重，比如指间关节韧带断裂后侧向运动比较明显或撕脱骨片嵌入关节时，就应及时通过手术进行治疗。

②肘关节内侧软组织损伤

A. 常表现出的征象

a. 疼痛。

b. 压痛。

c. 局部微肿。

d. 肘关节伸展运动受限。

B. 处理方法

a. 如果是急性损伤，应该在损伤局部立即用氯乙烷或冰袋进行冷敷，然后加压包扎，并屈肘 90 度角，使用三角巾悬吊固定。

b. 伤后 24 小时，可外敷新伤药、理疗或泼尼松与普鲁卡因混合液进行痛点注射等。

③肩关节损伤

A. 常表现出的征象

a. 肩的外侧往往会产生一定的疼痛感。

b. 肩关节的活动被限制。

B. 处理方法

a. 急性期上臂置于外展 30 度角位置，适当休息，理疗、针灸、按摩、外敷中药或痛点封闭均有一定效果。

b. 如果怀疑有肌腱断裂者，需进一步的检查和处理。

④踝关节扭伤

A. 常表现出的征象

在发生踝关节扭伤后，伤处疼痛、肿胀，韧带损伤处有明显压痛和皮下瘀血。

B. 处理方法

立即用冷水冲洗或冷敷，用绷带固定包扎，并抬高患肢。24 小时内不得按摩、热敷。24 小时后根据伤情进行外敷药、理疗、按摩等治疗。

四、田径体能训练前的准备活动

准备活动是对即将进行的体能训练做好身体机能准备。

在田径体能训练之前做好准备活动，可以减少训练损伤，保持训练热情。

在日常的田径体能训练中，训练损伤时常发生，其中一部分是由于保护措施不当造成的，但绝大部分是由于准备活动不足产生的。

（一）体能状态的基础

体能训练不可以是单方面的，尽管以健身为背景的体育活动是重要的，但仍然应该以同样的方式对所有体能状态的基础进行训练。

体能状态的基础是指体力、耐力、速度、柔韧性和协调性。实践证明，耐力好的人较少患心脏循环系统疾病。

人们已经认识到，就连良好的肌力和良好的柔韧性都具有重要的预防价值。在体育活动中，良好的柔韧性可以预防运动损伤，而受到限制的柔韧性完全可能成为机能减退以及支撑系统和韧带系统病痛的原因。与此相关，肌力也应纳入具有重要价值的一类。在很多情况下，肌力匮乏容易引起支撑系统的衰弱，容易出现疼痛，比如背痛等。

不过通常协调性容易受到忽视。随着年龄的增长，协调性的减退会对生活质量产生消极影响，如上楼梯或者弯腰困难，感觉能力和反应能力减退等。

（二）训练前的体能检查

较长时间不活动或者年龄稍大，或者病愈后重新开始身体活动，为安全起见，应该先向医生咨询，尤其是那些运动对健康有风险的人，如高血压和肥胖患者。

当然，即使健康的人进行体育活动也会有一些风险。所以，训练者在开始接受训练之前，应当清楚自己当前的体能状态，做简单的体能自我评测。

另外，建议体育活动初练者和伤病愈后重新参加运动者，可以先按照体质差的人群的训练计划进行。

（三）初练者的基本健康状况检测

实施体能训练前必须对初练者的基本健康状况进行检测。

1. 不同素质的检测

①耐力检测可以做步行检测。
②体力检测可以做屈体。
③柔韧性检测可以做肩膀柔韧性检测。
④协调性检测可以做单腿闭眼站立。

2. 检测准备

①如果身体健康并感觉精力充沛，可以做运动负荷检测。
②运动检测前需要做好准备活动，而且在检测实施前进行彻底的热身活动，在各个检测的间隙安排相应的休息时间。
③控制好负荷脉搏，负荷脉搏=180-年龄。

第三章　田径运动素质训练

田径运动素质包括很多，有速度素质、耐力素质、柔韧素质、力量素质等。

本章将对田径运动中的各项素质训练分别进行阐述，相关的具体内容如下。

第一节　田径运动速度素质训练

速度是人体非常快速地移动或做动作的能力。在田径运动中，速度可以指整个人体的最快速跑动，像短跑运动员一样；也可以指最适宜的速度，如跳跃项目助跑中受到控制的速度；速度还可以包括肢体的动作速度，如铅球和铁饼项目中投掷臂的速度，或跳跃项目中起跳腿的动作速度等。

一、田径运动中的速度类型

在田径运动中，速度常表现为以下类型。

（一）反应速度

人体对各种信号刺激的快速应答能力，即一个刺激与运动员第一个动作之间的时间间隔，包括在蹲踞式起跑中对于发令枪声的反应，以及运动员在某个项目中对于一些情况的快速反应程度（如图 3-1-1）。

（二）最大速度

整个身体或肢体所能够达到的最快移动（如图 3-1-2）。

图 3-1-1　田径运动中运动员起跑的反应速度

图 3-1-2　田径运动中的最大速度中运动员的姿态

（三）最佳速度

也称适宜速度，跳跃和投掷项目中的受到控制的速度，或者竞走和跑的任何距离中的最佳平均速度（如图 3-1-3）。

图 3-1-3　田径运动中的最佳速度

(四) 加速度

速度的变化率（如图 3-1-4）。

图 3-1-4　田径运动中的加速度

（五）速度耐力

随着疲劳水平的上升，继续表现出最大或适宜速度的能力。速度节奏根据项目的需要，对速度的时空能够进行合理调节的能力（如图 3-1-5）。

图 3-1-5　田径运动中的速度耐力

二、速度素质的影响因素

影响速度的因素比较多，主要包括以下内容。

（1）遗传因素。

（2）神经传导过程的灵活性。

（3）反应时肌肉的协调能力。

（4）克服外部阻力的能力。

（5）动作实效性。

（6）意志力。

（7）肌肉类型。

（8）磷酸原系统供能能力。

（9）肌肉的放松能力。

三、速度素质的训练方法与手段

（一）反应速度的训练方法与手段

1. 动作反应练习

规定多种练习动作，如蹲下、起立、跳起等动作，任意发出一个信号，运动员快速地做出应答反应。可原地进行练习，也可行进间进行练习。

2. 各种预备姿势起跑练习

做各种起跑动作，如蹲踞式、半蹲式、站立式、背向站立、弓步站位、交叉腿站立等，听到信号迅速起跑，跑出 10~20 米。

3. 各种动作接加速跑

运动员听到信号后完成蹲跳、立卧撑、前滚翻、侧手翻、滑步、变向等动作后迅速紧接加速跑，可加速跑 10~20 米。

4. 追拍跑练习

两人一组慢跑，前后距离 2~3 米。运动员们听到信号做加速跑，后者追上前者用手部拍打前者肩部，30 米以内追上则为胜利。

（二）移动速度的训练方法与手段

1. 飞跑 30

如图 3-1-6 所示，教练员标出一段 30 米的加速区、一段 30 米的“最大速度区”和一段 30 米的控制减速区。

最大移动速度的训练应该在运动员出现疲劳之前进行。所以，在重复次数和组数之间的恢复时间应该足够长，以保证人体从疲劳状态中得到恢复。

在这个练习中，重点是发展磷酸原（ATP—CP）供能系统，在重复次数间应该恢复 2~3 分钟，在练习组间至少应该恢复 5~8 分钟，在一组练习中的重复次数不应该超过 3 次。

图 3-1-6　发展最大短跑速度的“飞跑 30”练习

2. 重复跑练习

（1）（60 米～80 米～100 米～120 米）×2 组，次间间歇 2 分钟左右，组间休息 3～5 分钟，85%～90%的负荷强度。

（2）（30 米～40 米～50 米～60 米）×2 组，次间间歇 1～2 分钟，组间休息 3～5 分钟，90%～100%的负荷强度。

在练习中，应要求跑动的幅度大、步频快。要确定适宜的休息间隔时间，使运动员的体能得到相对充分的恢复，以免训练强度下降。

3. 速度力量练习

（1）抓举 6～8 次×2 组，负荷强度 60%～80%。

（2）挺举 3～6 次×2 组，负荷强度 70%～90%。

（3）卧推 6～8 次×2 组，负荷强度 60%～80%。

（4）直立快挺举 10～15 次×2 组，负荷强度 40%～60%。

（5）负重提踵 10～15 次×2 组，负荷强度 40%～60%。

（6）负重半蹲 8～10 次×2 组，负荷强度 60%～70%；4～6 次×2 组，负重强度 80%～90%。

在这些力量练习中，要注意动作速度。

4. 变速跑

（1）50 米（快跑+慢跑～快跑+慢跑～快跑+慢跑～快跑+慢跑）×2～4 组，组间休息 5 分钟。

（2）100 米（快跑+慢跑～快跑+慢跑）×2～4 组，组间休息 5 分钟。

（3）60 米快+100 米慢～60 米快+100 米慢×2～4 组，组间休息 5 分钟。

5. 下坡跑坡度 5°~8°

30 米斜坡接 30 米直道平跑，重复 4~6 组，组间休息 3~5 分钟。

（三）动作速度的训练方法与手段

1. 快速后蹬跑练习

运动员在直道上进行 30 米~50 米的后蹬跑练习。
（1）动作要求
①高步频通过全程。
②后蹬积极有力。
③支撑腿可稍屈（160°~180°）。
④摆臂幅度较大。
⑤身体稍向前倾。
（2）其他要求
①重复 4~6 组。
②组间间歇 5 分钟左右。

2. 助跑十级跨步跳

在有 5 米左右助跑的前提下快速完成十级跨步跳练习。
（1）动作要求
①跨步跳要求速率。
②要具有节奏感。
（2）其他要求
①重复 5~8 组。
②组间休息 3~5 分钟。

3. 助跑十级单足跳

在有 5 米左右助跑的前提下快速完成十级单足跳练习。
（1）动作要求
要有速度。
（2）其他要求
①重复 5~8 组。
②组间休息 3~5 分钟。

4. 立定五级蛙跳

原地站立重心提起，做立定跳准备，快速有力地完成五级蛙跳。
（1）动作要求
①动作要正确。
②得快速蹬伸。
③两脚扒地积极有力。
④双臂用力前摆。
（2）其他要求
①2~4 次，重复 4~6 组。
②次间休息 1~3 分钟，组间间歇 5 分钟左右。

5. 跑台阶

台阶高度 20~40 厘米，30~60 阶。
（1）动作要求
①上下台阶要高步频完成。
②脚蹬离台阶短促有力。
③摆臂夸力。
④上体稍向前倾。
（2）其他要求
①重复 8~12 组。
②组间间歇 5 分钟左右。

6. 投轻器械练习

运动员可持较轻器械如竹竿标枪、垒球、实心球、铅球、铁饼、链球、沙袋等进行投掷练习。
动作要求如下。
（1）投掷物的大小重量要适宜。
（2）动作要正确。
（3）要快速有力地完成。

7. 轻负重跑或跳的练习

可负重较轻的沙袋、杠铃、哑铃、铃片、壶铃等器械，做跑动练习（30 米左右）。

（1）动作要求

①步幅要小。

②步频要快。

（2）其他要求

①重复 3~5 组。

②组间休息 5 分钟左右，

另外，也可做相应的跳的练习。

（四）速度耐力的训练方法与手段

1. 不同距离间歇默跑

按跑的距离一般分为：短距离间歇跑（60~100 秒）、长距离间歇跑（120~300 秒）和长短距离相结合的间歇跑。

采用间歇训练法时，应在机体未完全恢复的情况下开始下一次练习，间歇后的心率在 120~140 次以上。

跑的距离和负荷的组数根据训练目的和训练水平而定，强度用心率控制。例如，进行短距离间歇跑时，强度控制在 85%~95%，可进行 80 米×3 次×3 组，每次间歇 90 秒，组间间歇 5 分钟。

2. 重复跑

不同距离的重复跑，在机体基本得到恢复，或充分恢复的情况下反复进行练习。

运动员根据自己的实际情况选择相应的距离或增减内容。例如：250~300 米×3~5 次，强度为 80%~90%，间歇时间 6~10 分钟，间歇后心率在 100~120 次/分左右。

3. 变速跑

将跑的整段距离分成快跑段和慢跑段，可以对某一段距离提出强度要求，也可对所有快跑段提出强度要求，但应先以完成一定的量为主，逐步过渡到完成练习的强度。

例如，100 米快跑+100 米慢跑或直道快+弯道慢，跑的距离由专项而定，练习的强度为本人最大强度的 80%~85%。

（五）速度节奏的训练方法与手段

1. 不同步长和步频的变换跑

距离 60~80 米，要求用不同的步长和频率进行加速跑练习；也可用摆放海绵块跑不同步长格的方法进行。

重复 6~8 组。

2. 放松大步跑

下坡跑 20 米接直道大步跑 60 米。

重复 4~6 组。

3. 不同栏间距离的跨栏跑

栏距由 7~8 米到 13~17 米，用快频率跨 2~3 个栏架变为用 5~7 步跨 3 个栏架或 4 个栏架。

重复 4~6 组。

第二节　田径运动耐力素质训练

耐力是指人在一段时间内完成一定强度工作的能力，有时也被称为“持久力”。没有耐力，运动员就很难足够的重复其他种类的训练。因此，任何项目都要充分重视耐力素质的训练。

一、耐力素质的分类

（一）训练学分类

1. 一般耐力

指运动员机体多组织、多器官系统长时间工作的能力。

良好的一般耐力有助于各种运动训练取得成功，也能为专项训练打下良好的基础。

2. 专项耐力

长时间持续地或者是多次重复地完成专项动作的能力。

与专项运动成绩的提高有着直接关系——专项耐力取决于专项运动的特点。

（二）生理学分类

1. 有氧耐力

（1）简述

机体在氧气供应比较充足的情况下，长时间运动的能力。

（2）目的

有氧耐力训练的目的在于提高运动员机体氧运输的能力，促进机体的新陈代谢，为运动员承受更大负荷创造有利条件。

（3）功能

有氧训练既能够加强循环——呼吸系统的功能，又能够提高肌肉利用氧的能力。

（4）应用

可以采用持续跑或重复跑发展有氧耐力。一个项目的持续时间越长，有氧耐力就越重要。

2. 无氧耐力

（1）简述

在氧气供应不足的情况下，能坚持较长时间工作的能力及机体克服乳酸的能力。

其是在机体长时间处于供氧不足的状态下进行的。

（2）目的

无氧耐力的目的就是提高机体承受氧债的能力。

（3）类型

①速度耐力

速度耐力主要利用有氧和乳酸系统供能，但以乳酸系统为重点。

发展速度耐力，有助于运动员在酸性物质堆积的情况下保持跑速。

②无氧耐力

其是在短跑、跨栏、投掷和跳跃中保持最高速度所需要的耐力，它主要是以利用磷酸原系统（ATP—CP）为重点供能。

3. 有氧与无氧的混合能力

有氧与无氧混合能力是介于无氧供能和有氧供能之间的一种耐力。

它的持续时间长于无氧耐力，短于有氧耐力，如 1400 米、400 米、800 米等项目。

二、耐力训练的影响因素

耐力训练与其他的身体训练有着紧密的联系。

影响耐力训练的因素，除先天性的身体组织结构外，主要还有机体能量储备能力和能量交换能力、有机体机能的稳定性、身体的协调能力和力量的分配能力等。

另外，运动员的个性心理特征，即顽强的意志品质和自觉性，在耐力训练中也起到了无比重要的作用。

三、耐力素质的训练方法与手段

（一）发展一般耐力

可通过下列方法发展一般耐力。

1. 持续训练法

匀速持续跑，负荷量安排在 1 小时以上，负荷心率控制在 150 次/分钟，要求跑姿自然协调放松（如图 3-2-1）。

持续训练跑应该在全年训练中采用，以达到恢复和再生的目的。

2. 越野跑

越野跑时可以保持负荷强度和变化负荷强度，负荷量安排在 1.5～2 小时。

这种训练方式是在自然环境中进行的，所以能够激起运动员的练习兴趣，同时延缓疲劳的出现。

3. 变速跑

负荷强度是从较小强度（心率：130 次/分钟～145 次/分钟）提高到较大强度（心率：170 次/分钟～180 次/分钟）。

负荷量要求在30分钟以上。

4. 高原训练

运动员可在海拔2000米~2500米的高原上训练4~6周，回平原后2~4周参加重要比赛。

高原训练方法还有高住低练、间歇性的低氧训练、模拟高原训练（高原屋、低压舱）等。

图3-2-1　非洲运动员在进行持续训练

（二）发展专项耐力

1. 投掷、撑竿跳高等

投掷、撑竿跳高等快速力量性运动项目的专项耐力主要表现为最大强度重复完成完整动作的能力。

多次重复完成完整动作（或者接近比赛要求的专项练习），是发展此类项目专项耐力的主要训练内容。

在负荷上一般采用中等偏上的运动强度。

图3-2-2为运动员在进行标枪比赛。

2. 中场跑、竞走等

中场跑、竞走等耐力性运动项目专项耐力的要求，是用尽可能高的平均速度完成全程。

除超长距离外，专项耐力的主要供能形式为糖酵解无氧代谢供能，其主要训练方法为大强度的间歇训练法、重复训练法及比赛训练法。

其负荷一般采用超过个体乳酸阈的强度直至在较短段落中超过比赛的强度。

图 3-2-3 为运动员在进行竞走比赛。

图 3-2-2　运动员在进行标枪比赛

图 3-2-3　运动员在进行竞走比赛

第三节　田径运动柔韧素质训练

柔韧性活动主要有两类。

（1）准备活动中的柔韧性练习[①]。

（2）增加动作范围的柔韧性练习。

这些练习的主要目的在于，针对一个或一系列关节，制订并执行增加其动作范围的长期计划。这些练习可以是训练课整理活动的一部分，或本身构成一个单独的柔韧性训练课。

一、准备活动中的柔韧性素质练习

运动员在准备活动中，使作用相反的肌肉群得到积极的练习，这将有利于在随后的训练或比赛中做出理想的表现。

通过这类积极、动态的准备活动，采用适宜的动员性练习（如图 3-3-1），就激活了这种运动所需的功能性柔韧性。

二、增加动作范围的柔韧性素质练习

增加动作范围的柔韧性训练，要使所选择的被牵拉的肌肉或肌肉群放松，才能增加动作范围。这不仅保护了肌肉，而且也保护了参与专门肌肉群工作的一个或多个关节。

在柔韧性训练中，运动员应平稳呼吸且要增加呼吸深度，以促使肌肉放松、加快血液流动，动作要轻柔而缓慢。

提高柔韧性，每周应该有若干次适宜的柔韧性练习。主要有两类牵拉练习。

（一）主动牵拉

在主动牵拉中，由运动员控制动作。这些练习通常是在“末端姿势”下以静力方式进行的，可用于整理活动，持续 6~10 秒即可。

如果在单独的柔韧性训练课中，采用主动静力牵拉的目的是增加动作

① 在准备活动中，选择使用接近运动员现有动作范围的动员性练习，使身体对将要执行的活动做出准备。

范围，需要保持 15~30 秒。

图 3-3-2、图 3-3-3、图 3-3-4 都为主动牵拉练习的例子。

图 3-3-1　积极、动态的动员性练习

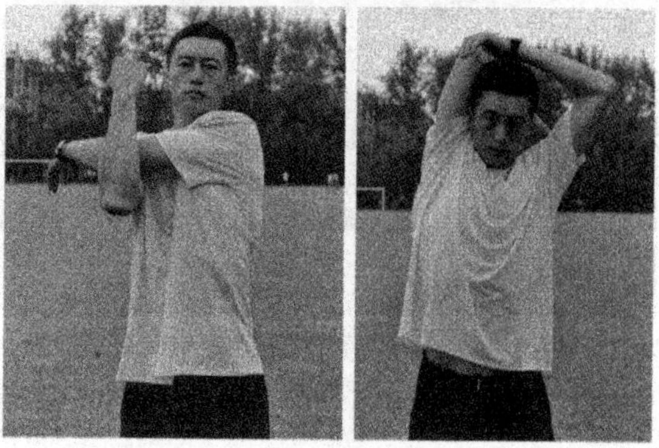

图 3-3-2　主动牵拉练习（一）

图 3-3-3　主动牵拉练习（二）

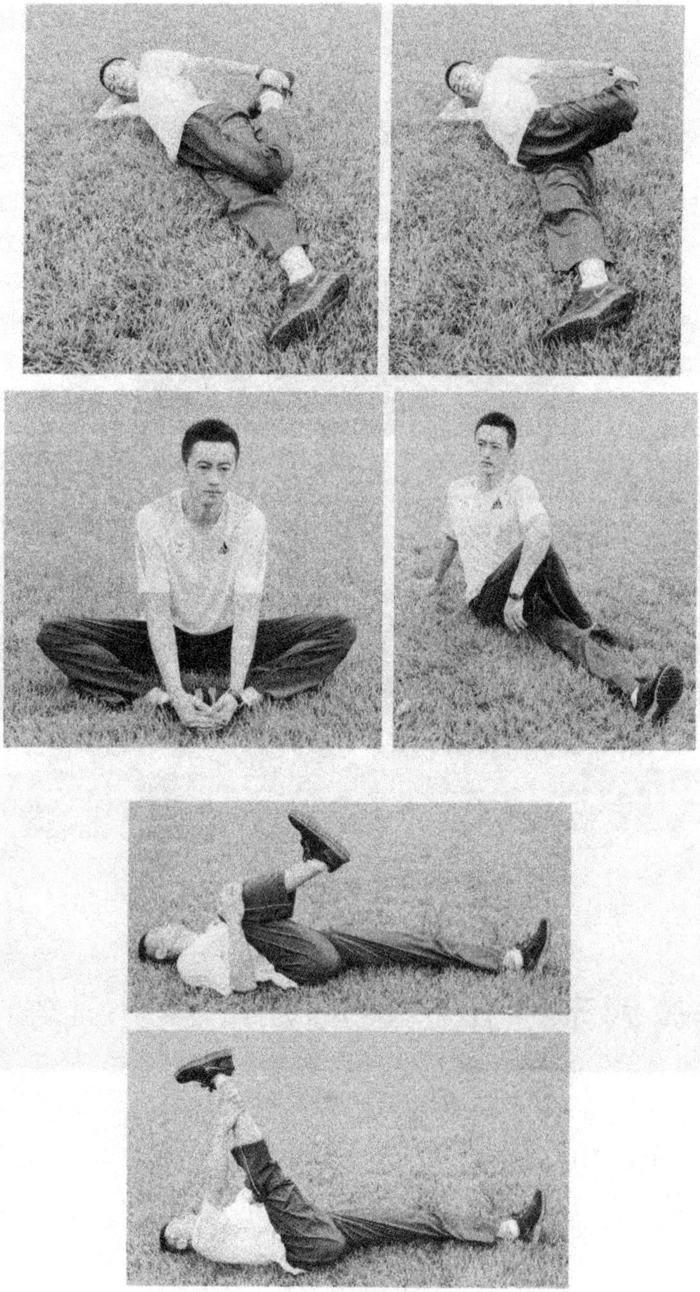

图 3-3-4　主动牵拉练习（三）

（二）被动牵拉

在被动牵拉中，由一位伙伴控制动作，运动员主动做出末端姿势，由同伴逐渐施加压力，这时运动员应该集中注意力于放松被牵拉的各个肌肉。只要能够在这种牵拉练习中技巧地控制牵拉过程，就能够有效地增加动作范围。

图 3-3-5 为被动牵拉练习的例子。

图 3-3-5　被动牵拉练习

第四节　田径运动力量素质训练

力量是人体神经—肌肉系统工作时克服或对抗阻力的能力，它是神经与肌肉系统共同作用的结果。

力量训练早已成为田径运动中身体训练的重要部分，它对速度、灵敏、耐力以及肌肉质量均有重要的影响，还可以有效地预防运动损伤的发生。

图 3-4-1 为神经—肌肉连接示意图。

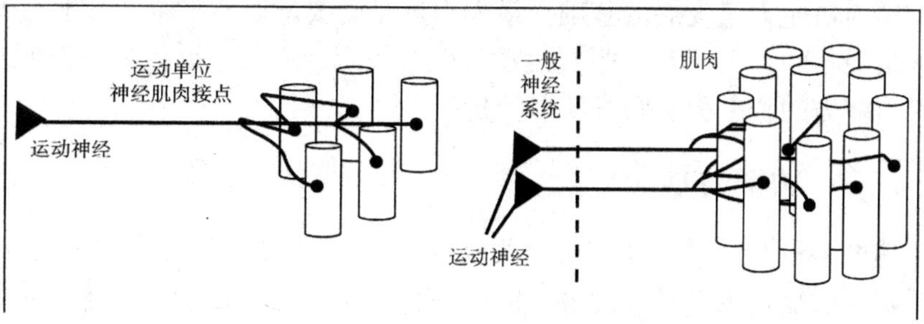

图 3-4-1　神经—肌肉连接示意图

一、力量的类型

力量可以分为四种类型。

(1) 最大力量。

(2) 功率力量。

(3) 力量耐力。

(4) 反应力量。

(一) 最大力量

最大力量并不能决定动作能做得如何快，或动作能够持续多久。相对而言，最大力量对于需要克服大阻力或控制大力量的项目更加重要（图 3-4-2 为最大力量对于不同田径运动项目的重要性）。

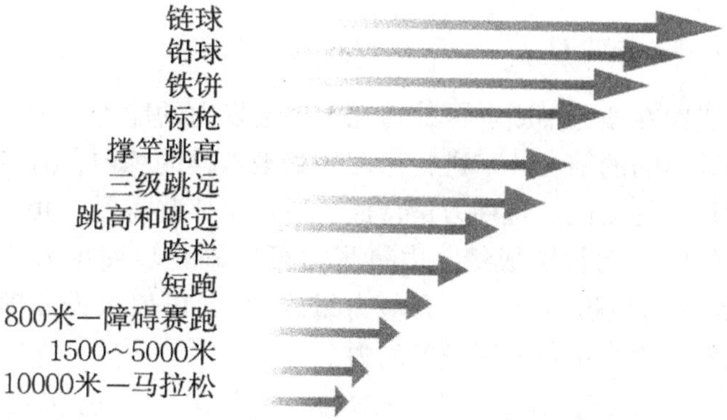

图 3-4-2　最大力量对于不同田径运动项目的重要性

作为快速力量发展的基础，最大力量是必要的基本素质。田径运动员应该是强壮的，但不是“举重运动员”，他们的最大力量，必须按照对于爆发力能力的贡献而进行训练和评价。

（二）功率力量

速度力量和力量速度也可称为功率力量，是力量和速度的相互作用，它反映了收缩速度与动作速度之间的相互关系。它与运动员产生力量的速度有关。

当最大力量的发展具有一定的基础之后，就应该提高这种力量素质。在短跑、跨栏、跳跃和投掷等“爆发力”项目中，功率显然是很重要的。

（三）反应力量

反应力量的产生主要是运动员利用了其肌肉和肌腱的弹性特性的潜力。

肌肉和肌腱的能量储存类似于牵拉一条橡胶带，随着牵拉，橡胶带变得更长并储存了能量，如果放开橡胶带，它就非常快速、几乎是爆发性地释放出储存的能量，并恢复到它的正常长度。在田径运动中，这个过程叫做“拉长—缩短周期”，也被简单地称为 SSC。拉长—缩短周期，说明了肌肉和肌腱在经过离心牵拉的非常短的时间之后，具有产生很强的向心力量的能力。这些很强的向心力量即为反应力量。

反应力量是量的一个独立方面，往往不能通过最大力量或功率力量的训练而自动地得到提高。它是“爆发力”项目中取得良好成绩的关键因素。

（四）力量耐力

这是肌肉在疲劳不断加深的情况下持续发力的能力。力量耐力是动作力量和持续时间的结合体。进行像仰卧起坐这样的练习，直到力竭，就是一种力量耐力的测试。这种力量特征，决定了那些需要在相当长时间内进行重复动作的运动员的成绩。力量耐力可以进一步细化为“最大力量耐力”“次最大力量耐力”和“有氧力量耐力”，可以根据专项特点选择负重，重点发展该力量负荷区域的耐力。

二、力量的决定因素

（1）肌肉的横断面积。

（2）单位横断面积的肌纤维密度。
（3）肌纤维的收缩速度。
（4）肌纤维兴奋的同步化效率。
（5）神经纤维的传导速度。
（6）与运动无关的肌纤维的抑制程度。
（7）大直径肌纤维激活的比例。
（8）不同类型肌纤维协作的效率。
（9）肌肉收缩前的初长度。

三、力量的素质训练

力量训练是以关节为支点对抗阻力所进行的一定范围的运动。

力量训练的方法多种多样，具体包括以下几个方面的内容。

（一）自由重量练习

“自由重量”这个词指的是重量的路线可以自由地移动到任何地方。自由重量包括杠铃和哑铃，也包括壶铃、实心球及负在足踝和手腕的重量块、链等。

采用自由重量练习时，无论是杠铃或是哑铃，重量的移动方位和方式是由运动员来控制的，而采用“力量练习器”时，虽然运动员能够举起很大的重量，但重量的运动路线却是由机器控制的。

自由重量训练的优势包括以下几点。

（1）提供了更加多样的动作方式。
（2）突显出肌肉的不平衡状态。
（3）使全身参与练习，有助于发展关节部位的稳定性。
（4）与力量练习器相比，能够产生更大的功率输出。
（5）有助于发展身体核心稳定性力量。

硬拉和下蹲是常用的杠铃练习方式。在硬拉和下蹲中，躯干的姿势在本质上是相同的。运动员以躯干垂直姿势开始，胸部应该前挺，同时肩胛朝两个髋关节方向，向后下方牵拉（如图 3-4-3）。运动员应该感觉他们正在试图在肩胛骨之间夹住一张纸币，在整个举重动作过程中，他们应该保持这种胸部和肩部的姿势，并感觉“夹住了纸币”。

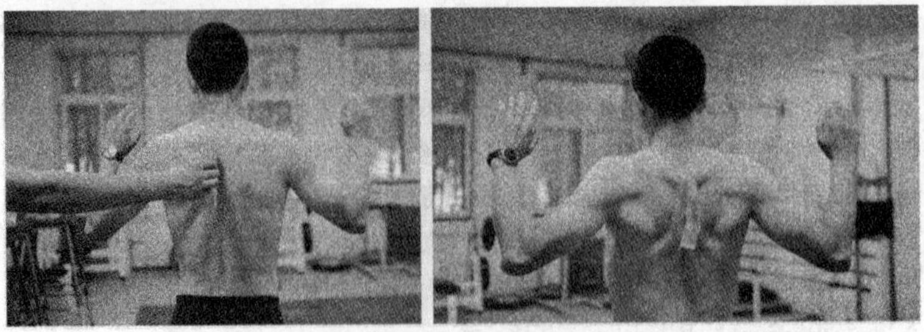

图 3-4-3　躯干姿势

1. 硬拉

硬拉正面和侧面如下图（图 3-4-4）所示。

图 3-4-4　硬拉正面和侧面图

2. 下蹲

下蹲主要有以下三种类型。

（1）后蹲

后蹲如图（图 3-4-5）所示。

图 3-4-5　后蹲练习

（2）前蹲

前蹲如图（图 3-4-6）所示。

图 3-4-6　前蹲练习

（3）前举蹲

前举蹲如图（图 3-4-7）所示。

图 3-4-7　前举蹲练习

3. 其他练习手段

（1）单腿蹬上台阶，如图 3-4-8 所示。

图 3-4-8　单腿蹬上台阶练习

（2）负重弓步走，如图 3-4-9 所示。

如图 3-4-9　负重弓步走练习

（3）卧推，如图 3-4-10 所示。

图 3-4-10　卧推练习

（4）高翻，如图 3-4-11 所示。

图 3-4-11　高翻练习

（5）颈后推举，如图 3-4-12 所示。

图 3-4-12　颈后推举练习

（二）自身重量练习

自身重量练习是利用运动员的身体重量作为运动中的阻力，自身重量练习中运动的角度和轨迹不受限制，如俯卧撑、引体向上、肋木举腿等。

自身重量练习不需要任何设备和器材，可以在任何地方进行训练，另外，手段也可以有多种变化。

自身重量练习中的重量恒定，只有当运动员改变身体姿态时才会发生变化，如俯卧撑的变化方式就有以下几点。

（1）指尖俯卧撑：用手指尖前支撑。

（2）拍手俯卧撑：在每次撑起时拍手。

（3）双脚架起俯卧撑：把双脚架在长凳或跳箱上；单腿抬起俯卧撑：单腿直腿抬起。

（4）单臂俯卧撑：一只手放在背后。

自身重量练习示例如下。

（1）三角肌后撑起，如图 3-4-13 所示。

图 3-4-13　三角肌后撑起练习

（2）静力抬腿，如图 3-4-14 所示。

图 3-4-14　静力抬腿练习

（3）背伸展，如图 3-4-15 所示。

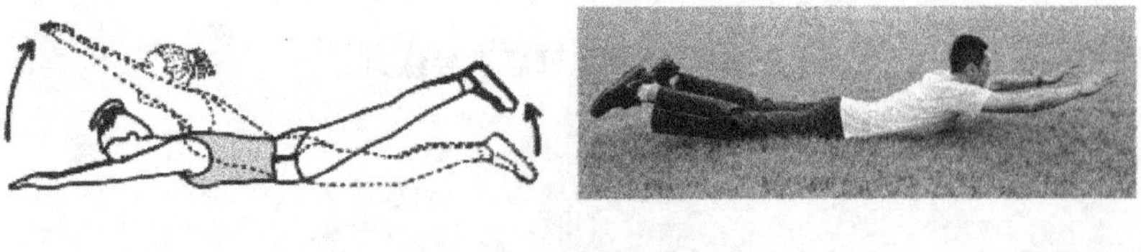

图 3-4-15　背伸展练习

（4）蹲跳，如图 3-4-16 所示。

图 3-4-16　蹲跳练习

（5）摸高练习，如图 3-4-17 所示。

图 3-4-17　摸高练习

（三）循环训练

循环训练是将多项阻力练习组合起来进行，以达到发展一般或专项力量素质的效果。这种方式是运动员从一个练习的“站”进入下一个“站”，直到所有“站”的练习全部完成即为一个循环。在多名运动员一起训练时，这是一种理想的形式。

图 3-4-18 是循环训练的一个例子。

（循环次数 1~5；每站的时间 30 秒~1 分 30 秒；练习之间恢复 15~45 秒；循环之间恢复 2~5 分）

图 3-4-18　循环练习示意图

第四章　走跑类田径项目教学与训练

短跑和中长跑作为走跑类田径竞技项目，不仅有激烈的竞争性，还有一定的欣赏价值。

本章将主要对短跑项目教学与训练、中长跑项目教学与训练分别展开论述，也在某种程度上为全民健身提供示范。

第一节　短跑项目教学与训练

现代短跑技术发展的主要特点可概括为“松、快、大”三字。即重视高速跑中肌肉的协调放松，在加快步频的基础上加大摆动幅度，取得更大步长，达到最快速度。

同时，在遵循技术原理的前提下，强调技术与运动员自身特点相结合，以形成有个人特色的、整体效果好的技术。

在教学与训练过程中，要有周期性与连续性概念，讲究整体效果，这样才能真正达到分析技术，提高成绩的目的。

一、短跑技术教学

（一）短跑教材分析

短跑是人们的基本生活技能之一。

1. 短跑教学的核心

在短跑教学中，应着重发展学生的速度、速度耐力、协调、灵敏等身体素质，增强下肢肌肉力量和内脏器官功能，提高快速奔跑能力；使学生掌握跑的基本知识和基本技术，形成快速跑的正确姿势和掌握运用短跑进行体能锻炼的方法；培养学生勇敢、顽强的意志品质和战胜困难、勇往直前的精神。

2. 短跑教学的主要任务

短跑教学的主要任务是使学生掌握快速跑的基本技术，形成跑的正确姿势，发展速度、灵敏等素质，提高快速奔跑的能力。

3. 短跑教学的主要内容

短跑教学的重要内容是提高身体素质和快速跑能力的练习。在完成短跑教学任务中，要有计划、有目的地经常采用这些练习，最终使学生动作质量，身体素质和跑的能力得到提高。

4. 短跑教学的重点

从途中跑开始，然后进行蹲踞式起跑和起跑后加速跑、终点跑、弯道跑及弯道起跑等教学环节的学习。

5. 短跑教学的控制

在教学中，始终强调自然、放松和富有弹性的大步幅跑技术，着重培养学生在快速奔跑中的放松能力，并进一步改进和提高技术，不断提高成绩。

（二）短跑教学方法

短跑常用教学方法繁多，在此介绍渐进教学法、趣味教学法、自练互练法、前馈教学法等，以供学习参考。

1. 渐进教学法

（1）简述

指教师根据技术动作要求，从学生熟知的简单动作开始教学，逐渐过渡到完整的较复杂的技术动作。

（2）实例

①高抬腿跑的实例如下。

A. 要求

a. 高重心。

b. 高抬膝。

c. 快频率。

B. 教学流程

a. 双脚依次起踵顶头（高重心）。

b. 起踵抬大腿（抬腿）。

c. 加快节奏。

d. 重心前移。

e. 巩固提高。

②小步跑的实例如下。

A. 要求

a. 快频率。

b. 高重心。

c. 积极扒地。

B. 教学流程

a. 起踵顶头抬大腿（高重心）。

b. 松踝松膝抬大腿（放松）。

c. 松踝松膝脚尖不离地抬大腿（松踝）。

d. 抬腿脚尖前移半脚掌再还原动作体会扒地（扒地）。

e. 前移重心。

f. 加快频率。

g. 小步跑。

h. 巩固提高。

③加速跑的实例如下。

A. 要求

a. 跑得轻松。

b. 富有弹性。

B. 教学流程

a. 先慢跑，逐步完善技术。

b. 后通过加快频率或加大步幅而改变原有速度，进行变速加速练习。

④后蹬跑的实例如下。

A. 要求

a. 后蹬充分。

b. 以髋带腿前摆高抬。

B. 教学流程

a. 原地双腿跳（蹬充分）。

b. 原地单脚跳（蹬充分）。

c. 跳起小步行进（过渡）。

d. 跳起加大步幅前进（过渡）。

e. 后蹬跑。

f. 巩固提高。

2. 趣味教学法

（1）简述

把教学内容与趣味练习联系在一起，调动学生学习的积极性，提高学习效率，培养终身锻炼习惯。

（2）实例

①起跑教学中的实例如下。

A.. 坐姿听信号起跑。

B. 背对起跑线的听信号起跑。

C. 叫号追人的追逐起跑。

②终点跑、全程跑教学中的实例如下。

A. 游戏。

B. 竞赛接力。

3. 自练互练法

（1）简述

在教学中，教学对象往往不止一人，为充分调动学生学习的积极性，培养动手能力，可两人或多人一组，在教师指导下，互帮互教，互查互练，这是短跑技术教学的重要方法之一。

（2）实例

如摆臂练习，当一位同学练习时，其他两位分别站在前后，用双手给练习者确定摆幅最大空间，使练习者不论前摆或后摆，都必须触到同伴事先在空中定位的手掌，从而严格地规范技术动作。

这种方法一般适应原地技术练习，如原地高抬腿，原地跑步等。

4. 前馈教学法

（1）简述

在教某一技术动作之前，将该技术有关动作要求以分散的信息形式传授给学生，特别是对一些难度较大的教材内容，这种分散的形式有利于尽快尽好地学习完整技术。

（2）实例

短跑教学中的重点内容途中跑，跑是人的基本活动能力，但要达到竞技水平却很难。

在教学中，可充分利用这种基本能力，通过简单的信息提示和要求进行练习，如放松、协调、有弹性等，使学生在完整学习途中跑前对技术动作有一定感知后，再完善、巩固和提高整体技术。

（三）短跑教学程序

我们以表格形式说明短跑教学的程序，如表 4-1-1 所示。

表 4-1-1　短跑教学程序

建立概念了解技术	专门练习	直道途中跑	加速跑	蹲踞式起跑	弯道跑和弯道起跑	终点跑和全程跑	改进提高短跑技术
发展概况	高抬腿跑	摆臂技术	匀加速跑	反应起跑	进弯道跑	慢中快撞线	专门练习
项目特点	小步跑	慢中快跑	起跑加速跑	起跑器安装	出弯道跑	不同距离撞线	变速重复跑
基本技术	后蹬跑	过渡跑	变速跑	技术学习	弯道起跑		
观图示范	折叠跑						

（四）短跑技术教学的注意事项

短跑技术教学应注意以下几点。

（1）在教学中应注意培养学生放松协调的能力。

（2）应根据学生的特点提出不同技术要求，充分发挥学生特长。

（3）充分运用各种专门练习手段，诱导和提高学生正确跑的技术。

（4）加强更新意识，及时把一些新的先进的技术传授给学生，以利成绩的进一步提高。

（5）教学中加强对基础技术的训练，如正确的跑姿，正确的着地动作和摆臂技术等。

二、短跑技术训练

在短跑技术训练中，应着重身体各部位的正确姿势和跑的协调放松能力的训练。

要突出对脚的着地方式、蹬伸速度、蹬摆配合、步频与步长的适宜比例等关键技术训练，加强起跑与加速度跑技术和全程跑节奏训练。

（一）起跑和起跑后加速跑技术训练

1. 训练要点

（1）有良好的出发初始角度。

（2）舒适合理，便于发力。

（3）协调放松，便于快速起动。

（4）有良好的第一步技术。

2. 训练方法

（1）多人一组的起跑练习。

①同伴用腿或手顶住肩做起跑动作。

②同伴用橡皮带在后拉住腰做起跑动作。

（2）听信号、口令跑。

①不听信号的各种姿势起跑 20m×（8~12 次）。

②听信号的各种形式（单个或集体等）起跑 20m×（8~12 次）。

③听口令做“各就位”和“预备”动作，听“预备”口令后，做间隔时间不同的听信号起跑（20~30）m×（8~10）次。

（3）增加起跑难度练习。

①上坡起跑。

②负重起跑。

（4）起跑后最大速度跑。

（5）快慢速度变化跑。

（6）快速跑接惯性跑。

（二）途中跑技术训练

1. 训练要点

（1）快蹬、快摆、快节奏。

（2）相关力量、频率和柔韧性。

（3）整体协调、放松、有弹性。

（4）“扒地”后蹬，折叠高抬要到位。

2. 训练方法

（1）60~80 米的加速跑。
（2）各种跨跑低栏练习。
（3）各种距离的快跑练习。
（4）跑的专门练习及专门练习过渡到跑的练习。
（5）变换速度的波浪跑、惯性跑、往返跑、放大步跑等，体会跑中的放松技术。
（6）强化跑的动作练习，如负重摆臂、负重抬腿、扶垒后蹬、推人前跑等。

（三）弯道跑技术训练

1. 训练要点

根据圆周运动特点，体会弯道途中跑技术要求。

2. 训练方法

（1）沿第一弯道以 3/4 强度做 50~80m 的加速跑。
（2）以各种速度在弯道上进行 30~50m 的起跑练习。
（3）以各种速度做由弯道进直道的加速跑 80~100m。
（4）以各种速度做由直道进弯道的加速跑 80~100m。
（5）沿第 6~8 道弯道以最高速度的 80%~90% 的强度跑 50~80m 加速跑。

（四）短跑技术训练注意事项

1. 注重技术训练的协调放松

技术动作协调放松能力的培养是一个长期而复杂的过程，短跑训练中应特别重视，任何练习的完成都要有协调放松的要求。

2. 注重突出技术训练的重点

短跑技术训练应以完整技术训练为主，对某些薄弱环节，可以在完整技术训练中有重点地加以改进。

3. 注重技术训练与实践的结合

短跑技术训练应与实践相结合，通过比赛使技术得到巩固和提高。

4. 注意对技术训练异同的区分

短跑技术训练必须因人而异、区别对待，以形成适合运动员个人特点的短跑技术。

5. 注意对技术训练过程的把握

技术训练是一个不断改进和完善的过程，也是一个长期和不间断的纠偏过程，该过程应贯穿短跑训练的每个阶段。

6. 注意与技术训练素质的结合

技术训练应与提高身体素质相结合，特别注意发展那些影响技术提高的专项素质。

三、短跑素质训练

（一）概念

短跑素质训练是指与短跑项目有密切关系，能直接促进和掌握短跑技术，提高运动竞赛成绩的专门训练。

短跑素质训练的内容和手段，通常由短跑的完整技术、单个动作、动作的某一部分或几个动作之间的衔接动作所决定。

训练方法的选择，必须在动作的运动学和动力学特征上，动作的形成及性质和心理定向上，尽可能与短跑专项特点相一致，并且应根据不同年龄阶段而有所侧重（表 4-1-2）。

表 4-1-2　不同年龄阶段短跑训练安排

阶段	年龄/岁	训练时间/年	周训练频度/次	次训练时间/h	训练重点
基础训练阶段	13~16	3	4~6	1. 5	全面发展，速度爆发力，基本技术

（续表）

阶段	年龄（岁）	训练时间（年）	周训练频度/次	次训练时间（h）	训练重点
初级训练阶段	16~18	3	6~8	1．5~2	一般素质，专项技术能力
中级训练阶段	男：19~21	3	7~9	2	专项技术与素质，专项技术能力
	女：19~20	2			
高级训练阶段	男：21 以上		7~9	2~2．5	专项技能和技术完善
	女：20 以上				

（二）特点

1．基础阶段训练特点

（1）训练形式多样。
（2）控制好量和强度。
（3）全面提高身体素质。
（4）注意发展敏感期训练。
（5）避免采用狭窄的专项训练手段、高强度的负荷训练和极限重量的大力量训练。

2．初级阶段训练特点

（1）抓好短跑技术和能力的训练。
（2）培养身体素质，特别是速度素质。
（3）抓好速度力量，速度耐力等专项素质的训练。
（4）可以采用较大负荷训练，但注意量和强度的安排要循序渐进。

3．中级阶段训练特点

（1）加强短跑能力和技术训练。
（2）逐步提高训练负荷的量强度。
（3）注重竞赛心理和能力的培养。

4. 高级阶段训练特点

（1）个体特征更加明显。

（2）创造条件，发挥最佳成绩。

（3）以提高训练负荷强度为主。

（4）增加比赛次数，控制比赛强度。

（5）专项化更加突出（技术、战术与能力）。

（三）训练手段与方法

速度不是单一的素质，它是集力量、速率、协调、耐力等于一体的复杂组合。

具体来看包括力量、加速能力、反应能力、放松能力、速度耐力等。

1. 力量

（1）训练要点

包括速度力量和最大力量两种，重点增加爆发力和相对力量，并强调一个“快”字。

①速度力量的发展

主要是克服自身体重，用负小重量的快跑、跳跃或近似短跑动作结构的专门练习来实现。

②最大力量的发展

主要是通过较大重量的重复练习来实现。

（2）训练方法

①徒手或持小哑铃（1~1.5）kg 快摆臂 10s×（4~6）次。

②俯卧推手击掌（10~15）次×4 组。

③快速俯卧撑（20~30）次×5 组。

④快速两头起 100 次×5 组。

⑤负重 1~1.5kg 沙护腿，高抬腿跑 10s×4 次。

⑥负重或不负重的上坡跑。

⑦两人一组的推人跑。

⑧沙地上负重快速直膝跳 10s×6 次。

⑨快速蛙跳（5~10）级×5 次。

（3）注意事项

①注意全身各部位力量均衡发展。

②先发展速度力量，后发展最大力量。

③单个力量练习时间不应超过 10s。

④注意运动员承受能力，避免人为伤害事故。

2. 加速能力

(1) 训练要点

在较短的距离内，尽快发挥最高跑速，其中有技术因素亦有素质影响。

①技术方面

加速跑前 2~4 步起主要作用的是速率和后蹬力量，而之后起主导作用的是步频和节奏，训练中适宜的步幅与步频增长以及躯干的逐渐抬起是重点。

②其他方面

在速度训练中，除技术动作外，还要加强中枢神经系统的灵活性、协调性，肌肉的力量，动作的速率等方面练习。

(2) 训练方法

①采用 30~80m 的不同类型的跑。

A. 起动跑。

B. 冲刺跑。

C. 行进间跑。

D. 接力跑。

E. 顺风跑。

F. 牵引跑。

G. 下坡跑（坡度一般在 2°~3°之间）。

②采用重复跑。

③采用 20m+40m+60m+80m 的段落组合跑。

④采用 20m 慢跑+50m 大步跑+50m 快跑的段落变速跑。

(3) 注意事项

①速度训练应保持良好的精神状态，一般放在基本训练的前半部分。

②在训练中要强调快速，更要强调协调、放松、富有弹性。

③注意力量和爆发力的同步发展。

④少儿训练中要控制数量、强度，把握好休息间隔，避免产生过度疲劳。

3. 反应能力

(1) 训练要点

用尽可能短的时间打破平衡、快速起动（反应时间一般为 0.10～0.18s，起动时间一般为 0.27～0.36s）。

（2）训练方法

原地负重跳起，立定跳远，立定多级跳，跳绳听信号起动，各种听信号起动或听枪声起动。

例如，快速做与教练员口令相反的动作：俯卧、仰卧、蹲立、背向听枪声起跑等；各种听信号起动的游戏等。

（3）注意事项

①注意练习中技术动作的合理性。

②注意练习过程中的安全性（如场地空旷，路线无障碍等）。

③注意起动动作的快捷性。

4. 放松能力

（1）训练要点

通过对自我身体感知能力的训练，提高运动员感知在高速行进中的用力感觉的能力，从而减少不必要的肌肉活动，实现真正意义上的经济性和实效性。

（2）训练方法

①惯性跑，如 40m 快跑 30m 惯性跑 30m 慢跑。

②下坡跑，坡度一般为 3°左右。

③中速跑，强度大约为 70%～80%。

④顺风跑。

⑤弹性跑。

⑥跑格子或跑下楼梯。

⑦肩、髋、膝、踝柔韧练习。

⑧脸部放松跑。

⑨心理训练，如自我暗示、自我调节等。

（3）注意事项

①放松不等同软弱无力。

②放松与人体协调联系在一起。

③注重最佳时期的发展（7 岁以前和 10～12 岁之间）。

④重点培养运动员用力感觉。

5. 速度耐力

（1）训练要点

①合理选择练习距离

②追求适合个人特点的步长和步频的最佳比例。

（2）训练方法

①超主项距离的重复跑

A. 150m×（10~15）次。

B. 200m×（8~12）次。

C. 300m×（6~8）次。

②分段快跑

如 150m 快跑+50m 放松大步跑+100m 快跑等。

③近主项距离的间歇跑

A. 100m（25%强度）×9 次+100m（全速）。

B. 100m（25%强度）×4 次+100m（全速）两组。

C. 150m（75%强度）×（8~10）次+150m（全速）。

D. 150m（75%强度）×4 次+150m（全速）两组。

时间间隔为终点走到起点，两个练习之后可增加间歇时间。

④近主项距离的变速跑

A. 100m（75%强度）+100m 慢×12 次左右。

B. 150m（75%强度）+150m 慢×10 次左右。

C. 200m（75%强度）+100m 慢×7 次左右。

⑤各种距离组合跑

A. 递增跑：从 100m 起，以 50m 递增到 500m。

B. 递减跑：从 500m 起，以 50m 递减，直到 100m。

（3）注意事项

①少儿与成年运动员应有所区别，少儿速度耐力训练不宜安排过早

②各种练习应相互结合、交叉采用，以免形成不良技术定型

③间歇时多采取走和慢跑形式的积极性休息

④为避免慢频率的动力定型，训练后应进行几次加速跑或快速跳跃练习

⑤距离越长的练习越要注意后程技术的正确性。

（四）训练参数介绍

1. 人体运动素质发展敏感期

（1）平衡：6~8 岁。

（2）协调性：10~13 岁。

(3) 柔韧素质：8~12 岁。
(4) 反应速度：9~12 岁。
(5) 灵敏素质：10~12 岁。
(6) 力量素质：13~17 岁。
(7) 耐力素质：16~19 岁。
(8) 移动速度：男 7~14 岁，女 7~12 岁。

2. 少儿力量训练负荷增长的 3 个阶段

(1) 9~11 岁，克服自身体重。
(2) 12~14 岁，轻器械负荷。
(3) 15~17 岁，专门力量训练。

3. 心率控制

(1) 速度耐力训练时，一般要等心率恢复到 110~120 次/min，测试显示负荷强度小，才进行第二次训练。

(2) 心率在 180 次/min 以上时，测试为极限负荷强度时，增加强度要谨慎，持续时间要短。

4. 速度训练

(1) 7~14 岁重点练习协调能力。
(2) 14 岁后加强力量训练，提高步长。

5. 运动后即刻所测心率与强度关系

(1) 小强度
140~150 次/min。
(2) 中强度
150~180 次/min。
(3) 大强度
180 次/min 以上。

6. 运动后 5min 所测恢复心率与运动负荷关系

(1) 小运动负荷
恢复到运动前心率。
(2) 中运动负荷
较运动前快 2~5 次/10s。

（3）大运动负荷

较运动前快 6~9 次/10s。

四、短跑赛前训练

赛前训练是训练计划的重要组成部分，也是一个专门的训练阶段，它是指为参加重大比赛专门进行准备的训练过程。

在安排上，受整体训练计划的制约，又有其专门的训练任务。

（一）赛前训练的特点

（1）时间上

为 4~6 周（或一个月左右），且每个周期时间不宜太长。

（2）负荷上

训练总量明显减少（特别是后两个周期），专项强度增到最高点，训练次数和时间安排不变。

在比赛前 3 天，进行量小而强度大（接近或超过比赛强度 3%~10%），且短于专项距离跑的训练。

（3）赛前训练的策略上

应把技术的稳定，动作的协调、放松等要求贯穿于赛前训练始终。

（4）要防止运动员过早兴奋

要针对不同类型运动员进行不同处理，特别是易兴奋型运动员或第一次参加比赛的运动员。

（二）赛前训练的安排

训练安排包括负荷，内容与比赛等几个方面，这几个方面是有机相连，互不可分的。

1. 总负荷水平要适宜

（1）总负荷水平下降到平时最大负荷的 1/3~1/2，要有相当强度的刺激。

（2）但强度不是越大越好，不要刻意追求强度，最好让其自然出现。

2. 内容安排要合理

（1）内容以专项训练为主，目的是熟练技术与节奏，保持和提高专项能力。

（2）还要进行专项身体训练。

（3）同时要保持一定比例的一般身体训练。

3. 要重视训练恢复

（1）重视训练后的恢复，原则上是边训练、边恢复，最迟在24h后要恢复。

（2）训练后要注重放松与整理活动，并采取其他有效的恢复措施。

4. 生活作息要合理

（1）严格作息和生活制度。

（2）保证正常睡眠与充足营养。

（三）赛前训练应注意的方面

1. 体能方面

通过赛前训练使在强化训练过程中积累的疲劳消失，人体机能状态达到较高水平，并能平衡协调发展，促进训练后的恢复，使运动员的潜在能力逐渐显现。

2. 心理方面

赛前的心理状态应是自信心强、渴望比赛、稳定而有自控力，能摆脱外界的干扰和刺激，自觉抑制对比赛不利的因素。

3. 信息情报方面

对参加比赛的时间、地点、标准、赛次、对手等情况都要了解清楚，并根据这些情况制定周密的赛前训练计划，在比赛中发挥最高水平为目标。

4. 身体素质方面

要进行相当的身体素质训练，其中专项素质要达到较高水平，同时还要保持一般身体训练，尤其要保持有氧能力的训练。

5. 技术与专项方面

在技术上要达到熟练、稳定，掌握好完整技术与节奏，同时重视专项能力的训练，保持较高的专项能力，但又不刻意追求高强度，以轻松、协调、自然又有高强度的反复多次练习为主，以巩固并稳定技术，提高专项能力。

五、短跑实训计划

（一）少年男子短跑运动员课训练计划

根据课的部分、时间等，少年男子短跑运动员课训练计划可如表 4-1-3。

表 4-1-3 少年男子短跑运动员课训练计划

课的部分	时间	内容与手段	组织形式	负荷要求
准备部分	20min	1. 课堂常规 2. 绕场慢跑 1200m 3. 柔韧练习	绕田径场肋木架	小强度
基本部分	90min	1. 跑的专门性练习 3 组 2. 80m 加速跑 3 组 3. 60 米加速跑 3 组 4. 30 米立定跳远 5. 10 米立定三级跳	渐加速，手臂协调摆臂，爆发有力	大强度
结束部分	10min	慢跑放松		低强度

（二）少年女子短跑运动员春夏训练周计划

根据周、主要任务等，少年女子短跑运动员春夏训练周计划可如表 4-1-4。

表 4-1-4 少年女子短跑运动员春夏训练周计划

周	任务	内容	手段	负荷强度
一	柔韧、速度	柔韧练习	下坡跑、变速跑	中
二	频率、力量	摆臂、专门练习、跳绳	大小结合负重练习	大
三	技术	途中跑技术	小	
四	反应爆发力	反应游戏	深跳、多级跳	中
五	速度技术	牵引跑、慢性跑	途中跑技术	中
六	速度耐力、力量	组合跑、重复跑	大小结合负重练习	大
日	休息			

第二节 中长跑项目教学与训练

一、中长跑技术教学

（一）中长跑教材分析

1. 中长跑简述

（1）中长跑是中跑与长跑的简称。

（2）中长跑既是竞技项目，又是健身的一种手段。

（3）中长跑是以有氧代谢为主的耐力性、周期性运动项目。

2. 中长跑教学的主要任务

通过中长跑项目的教学与实践实现以下目标。

（1）改善学生呼吸系统和心血管系统的功能，促进机体代谢，发展耐力素质，增强下肢肌肉力量，提高持续跑的能力和对大自然的适应能力。

（2）使学生掌握中长跑的基本知识、基本技术和运用中长跑项目进行健身运动的科学方法。

（3）培养学生对中长跑项目的兴趣、爱好、自我健身的意识和习惯，以及顽强的意志和吃苦耐劳勇于拼搏的精神。

3. 中长跑教学的重点

中长跑教学的重点应抓住途中跑复步技术中的单步技术。因为单步技术是途中跑复步技术的基础。

4. 中长跑教学的难点

中长跑教学的难点是单步技术中前摆下压时柔和的缓冲着地技术。合理的着地技术能减少前蹬的阻力，加快重心向前移动的速度。

（二）中长跑教学的方法

中长跑教学，必须把掌握技术和提高学生心肺功能与发展学生耐力素质结合起来，在一系列跑的练习中掌握中长跑技术和提高耐久跑的能力。

因此，中长跑教学要以途中跑教学为主。

1. 使学生了解中长跑的一般知识

通过教师讲解，使学生了解中长跑的一般知识，提出学习中长跑的要求和注意事项，调动学生学习中长跑的积极性和主动性。

2. 途中跑技术教学手段

（1）初期教育

结合示范讲解途中跑技术，使学生可以做到以下几点。

①建立正确的途中跑技术概念

②了解途中跑技术的要求、方法和要领。

（2）提高期

①中等以下速度匀速跑 80~100m；中等以下速度到中等以上速度的加速跑 80~100m。通过反复做上述练习，体会和初步掌握中长跑途中跑时的腿部动作、躯干姿势和摆臂动作。

②跑时除了继续注意掌握正确的腿部动作、躯干姿势和摆臂动作外，还应注意呼吸和步伐的配合，掌握中长跑的呼吸方法。

（3）定时或定距跑

①男生跑 6~8min（1000~1500m）。

②女生跑 3~5min（500~1000m）。

（4）变速跑

①变速跑手段有以下几种。

A. 100m 中速跑+100m 慢跑。

B. 200m 中速跑+100~200m 慢跑。

C. 300m 中速跑+100~200m 慢跑。

②男生为 1500~2000m，女生为 800~1000m。

③跑时要控制好跑速，注意跑的动作和呼吸方法的正确性。

二、中长跑技术训练

（一）中长跑技术训练的特点

（1）在技术训练中要重视掌握基本技术，要善于学习别人的先进技术，要根据技术原理和个人特点，创造性地学习和掌握新技术。

（2）中长跑运动员要想在跑的途中尽量节省体力，适宜地发挥身体素质的作用，合理的技术是关键。

（3）在全年训练中，准备期着重基本技术和改进技术的训练，竞赛期着重完整技术的训练。

（4）由于中长跑的技术训练主要是和大量跑的练习结合在一起的，因此必须在全年各阶段跑的训练中始终强调跑的技术要求，充分运用教学原则和手段，帮助青少年运动员早日掌握正确的中长跑技术。

（二）中长跑技术训练的主要方法

（1）技术训练要贯穿于训练工作的始终。

（2）掌握技术或改进技术细节，应在大量跑的练习中进行。

（3）加速跑、支撑高抬腿跑、二人并列同步跑、跨步跳、多级跳、原地摆臂等练习，也是改进技术的有效方法。

（4）可根据运动员的技术情况，利用小步跑、高抬腿跑、后蹬跑等跑的专门性练习改进技术，发展腿部力量和灵敏协调性。

三、中长跑专项素质训练

（一）耐力素质训练

耐力是中长跑运动员应具备的重要素质。耐力一般理解为在一定时间内，运动员能发挥最好的持续跑的能力。

耐力可分为一般耐力与专项耐力。

1. 一般耐力

一般耐力是指有氧训练能力，即时间长、速度慢、强度小的跑的能力。

有氧训练是通过走、跑以及伴随着其他条件来进行。时间与速度有一定比例关系，如跑 2 小时，要求每 5 分跑 1 千米，而跑 1 小时则要求每 4 分跑 1 千米。

2. 专项耐力

专项耐力是指运动员在整个跑程中保持始终如一的高速度的能力，其对于中长跑运动员是至关重要的。

专项耐力训练可称为无氧训练。专项耐力训练中，强度要求一般采用以下几种方法。

（1）百分比强度要求法

计算某段跑程强度要求的公式如下。

强度要求=个人最好成绩/强度要求

例如，运动员600m跑最好成绩为1min30s时，其强度要求为1min30s/85%=1min45.9s。不仅全程跑要有强度要求，不同段落也要有强度要求的范围。

（2）比赛速度要求法

先按某项预计的比赛成绩求出该项中的每100m平均成绩，在运用时，只要将该成绩乘以所跑段落的百米数，所得出的时间即为该段的比赛速度强度。

例如预计1500m比赛成绩为4min，训练时以比赛速度跑800m得强度为：（4min÷1500）×800=2min8s。

（3）自然强度要求法

自然强度是指教练员只提出技术上或体力上的要求而没有提出具体数值的强度要求。

采用这种方法必须是当运动员具有较高的训练自觉性和训练水平时才能得到较好的效果。

这种方法一般是在训练阶段转换（如冬季转入春季）时，为了适应环境、气候变化或其他特殊情况时采用。

另外我们需要知道：专项耐力训练在全年的准备期中，只保留一定的比重，而在竞赛前期和竞赛期中的比重较大。

3. 发展耐力训练的主要方法

一般耐力与专项耐力训练采用的手段和训练形式是一样的。不同之处在于跑的时间、间歇时间、重复次数以及运动员的情况和强度等。

（1）重复跑

对重复跑的简述如下。

第一，重复跑是发展速度和专项耐力的重要手段，可以培养跑的速度感和节奏感，比赛期采用较多。

第二，训练中可使用变化距离或相同距离的重复跑训练。例如：5×200m，休息5min；2×150m/21s，休息3min等。

第三，采用重复跑练习，选择的段落应以短于专项距离为主。例如：800m跑运动员，以400~600m为主；3000m跑运动员，以1000~2000m为主。

（2）持续跑

①简述

持续跑通常在公路上进行，基本特点是距离长，匀速跑。

②时间标准

A. 初学者

一次课至少要跑 15~20min 左右。

B. 优秀运动员

一周至少要跑 140~160km（现已达到每周 200km 以上）。

一次课的跑量要达到 12~20km，强度相对也要高一些。

(3) 法特莱克跑

①简述

A. 在野外自然地域里进行较长时间的既不规定加速跑速度和距离，也不限制慢跑时间的任意变速跑。

B. 其可作为不同水平心率（130~180 次/min）的有氧能力训练手段，在跑中的加速跑还可发展无氧代谢能力。

C. 这种方法要贯彻全年，冬春宜多采用。此方法对 1500m 至 5000m 跑的项目较为有效。

②时间标准

法特莱克跑时间为 0.5h~2h，可根据跑的速度和加速跑的长短而定。

(4) 间歇跑

①简述

间歇跑训练法很重要，特别是对 400m 跑运动员、800m 跑运动员的作用较好。

间歇训练法的实施是较为困难的，教练员只有真正地掌握了这种方法，并对运动员有了清楚的了解之后才能得以实施。

②特点

第一，有节奏的交替，有相对的间歇。

第二，训练强度不同，有与比赛速度相同，有大于或小于比赛速度的。

第三，运动量大。间歇训练的休息时间短，体力不能充分恢复。

③主要手段

第一，有氧/无氧混合训练。

第二，无氧训练。

④内容

A. 距离：要短于比赛距离。

例如 800m 运动员可进行 200m、400m 跑的间歇训练。

B. 强度：可根据任务（如发展一般耐力或专项耐力）而定，如800m跑成绩为2min的运动员，可选择下列安排。

a. 4×200m/30s+200m 慢跑。

b. 4×200m/25s+200m 慢跑。

c. 4×200m/35s+200m 慢跑。

在传统的间歇训练中，强度要逐步提高。

⑤重复次数

通常一次课中，间歇跑训练的总量不宜过多地超过专项距离的长度。

⑥间歇时间

间歇时间取决于运动员的水平，可以用时间或脉搏来控制。

⑦间歇休息的重点

重点不是时间，而在于休息的方式应为慢跑或走。

（二）速度素质训练

速度素质训练是提高中长跑运动成绩的核心。

1. 表现形式

（1）基础速度

指100m跑的速度。

（2）绝对速度

指30~60m行进跑的速度。

（3）相对速度

即短于专项距离的段落速度，如800m，计取段落400~600m；1500m，计取段落800~1200m。

了解运动员的相对速度水平是确定训练指标的主要参考依据。

2. 发展速度的主要方法

（1）跑的专门练习

30~100m的加速跑、快速跑、变速跑、阶梯跑练习。

（2）借助外力短距离跑

①顺风跑。

②牵引跑。

③下坡跑。

④在活动跑道上跑。

（3）其他各种速度练习和素质性游戏，力量及弹跳力的练习，比赛训练法等。

上述所谈速度训练的方法和手段在运动员青年和成年期都应采用。我们应在运动员的青少年时期就抓紧速度训练，这种速度训练应在整个训练过程中进行。

3. 速度训练课的安排

冬天应每周一次，冬天到夏天的过渡期每周安排两次，在比赛季节每个周期（两周）安排3次。

（三）专项力量训练

1. 专项力量训练的特点

根据中长跑的特点，力量训练应以发展力量耐力为主。

因此，练习要求次数多，距离长。应以发展力量耐力为主，躯干和两臂的力量为辅。

2. 专项力量训练的主要方法与手段

（1）发展抬腿肌群和躯干力量的练习

①仰卧直膝向上抬腿（20~30）次×（3~4）组。

②立卧撑（30~60）次×（3~4）组。

③仰卧抱头交换腿收腹练习（20~30）次×（3~4）组。

④俯卧撑交换屈膝收腿练习（20~30）次×（3~4）组。

⑤俯卧撑3~4组。

⑥各种抛、掷实心球的练习。

（2）发展腿部和踝关节力量的练习

①徒手全蹲（50~100）次×（3~4）组。

②徒手半蹲（50~100）次×（3~4）组。

③弓箭步交换腿跳（100~150）次×（3~4）组。

④行进间单足交换跳100m×（3~4）组。

⑤单足跳、跨步跳组合练习（100~200）m×（3~4）组。

⑥多级跨步跳10级~7级~5级~3级。

⑦后蹬跑（100~300）m×（3~4）组。

四、中长跑赛前训练

运动员要想在比赛中取得优异成绩，必须要有较高的训练水平。但这还不够，还要有一个科学的赛前安排，才能把竞技状态调整至最好，以期在大赛中达到最佳水平。

赛前训练安排主要有两种：减量调整型和量大质高型。

（一）减量调整型

1. 分类

减量调整型又分减量降质类和减量增质类。

2. 目的

目的是消除较长时间训练所积累的疲劳，迅速改善机能状况，充分利用超量恢复，发展竞技状态。

3. 减量调整型的赛前训练安排

（1）进行较长时间（以 10 周以上为宜）的系统训练。

（2）这样的训练安排为大多数教练员所采用。它的好处是训练节奏明显，比较容易掌握。

（3）训练中可分为加大运动量、保持运动量、减量调整 3 个阶段，其中前两个阶段是整个训练周期最重要的部分，往往决定着调整阶段时间的长短。

（二）量大质高型

1. 简述

量大质高型的赛前训练，是指赛前两三周安排较大的运动量，并保持高质量高强度的训练，使人体处于较高负荷的刺激之下。

大多数运动员在赛前几天稍有调整，有的运动员则不做调整。

2. 优缺点

（1）优点

优点是这样安排有一定的运动量和强度的刺激，运动员心里比较踏实，机能状态比较稳定。

（2）缺点

缺点是运动量和强度的大小程度不易掌握。如果前一阶段训练有疲劳积累时，这种安排容易造成过度训练而导致比赛失败。

五、中长跑战术训练

中长跑的战术运用非常重要，在水平相当的条件下，正确实施战术是取胜的关键。

运动员在比赛中要根据本人的实际和习惯确定战术方案，对对手情况、场地、气候、风向环境等条件进行分析研究，要知己知彼，掌握比赛的主动权。

（一）合理分配体力和速度是取得理想成绩的主要战术

1. 战术的灵活运用

不管采用什么战术方法，一定要保持清醒的头脑，随时掌握主动，还要善于控制自己，在比赛中要根据具体情况和个人能力灵活运用战术。

2. 冲刺时机和能力的把握

当今中长跑的比赛成绩主要体现在最后冲刺的时机和能力上。因此，运动员要掌握最后冲刺战术运用的时机，以及加强最后冲刺能力的训练。

3. 领先跑、跟随跑、变速跑的使用

一般耐力好的运动员常用领先跑；速度好的多采用跟随跑；为摆脱对手还可以采用变速跑。

（二）战术训练的方法

1. 在困难的条件下进行训练

战术训练需要安排在困难条件下（风、雨、炎热、寒冷等气候，场地较差进行，以培养运动员的意志品质。

2. 多参加测验或比赛积累实践经验

战术训练最好的方法是多参加测验或比赛，利用测验或比赛来丰富战术实践经验。

而对初级水平的运动员而言，则应以技术的稳定性和心理稳定性训练作为战术训练。

3. 平时训练对速度感和节奏要有所控制

平时训练要注重培养运动员的速度感和跑的节奏，以便在比赛中掌握速度、节奏，灵活运用战术。

六、中长跑实训计划

进入了准备期基础阶段的训练既要增加训练量，也要提高强度。

训练总量：要接近极限水平。

周跑量：男中跑运动员为140~180km，女子为100~150km，长跑运动员为160~220km。

（一）中跑运动员加量小周期示范

1. 周一

（1）准备活动跑：3~5km。

（2）加速跑：5~10次×100m或3~6次×150m。

（3）长段落后复跑：1~3km，总量为4~8km。

可用相同长度段落和不同长度的段落，间歇4~6min。

2. 周二

匀速越野跑：男子15~20km，女子12~14km。

3. 周三

匀速越野跑，男子12~15km，女子8~10km；男子的速度约为每公里3min50s，女子约为每公里4min20s。

4. 周四

慢速越野跑30~60min。

5. 周五

与周一相同，但用另外长度的段落组合。

6. 周六

与周二相同，但量大些。

7. 周日

休息。

(二) 长跑运动员加量小周期示范

1. 周一

变速越野跑 18~20km
加速段落 1~3km，速度为每公里 3min，加速跑总量 5~9km。

2. 周二

匀速越野跑 15~20km。

3. 周三

快节奏越野跑 15~16km，速度为每公里 3min40s~3min20s。

4. 周四

匀速越野跑 1h（有氧），速度约为每公里 4min30s。

5. 周五

与星期一相同。可在室内训练，也可用同样速度参数的段落反复跑代替变速越野跑。

6. 周六

长时间匀速越野跑 25~30km，速度为每公里 3min50s~4min5s。

7. 周日

休息。

第五章　跳跃类田径项目教学与训练

跳跃类田径项目中的跳远是田径运动中最古老的一个项目。本章主要对立定跳项目教学与训练和三级跳项目教学与训练进行论述，具体内容如下。

第一节　立定跳项目教学与训练

一、立定跳远技术教学

立定跳远是田径项目中技术较为复杂的一个项目。它不仅需要学生在高速运动状态下具有准确踏板，还需要具有爆发性起跳的能力。因此，在正确地认识立定跳远技术特点的基础上，提出相应的教学思想和原则是极为重要的。

（一）立定跳远教学中应注意的几个问题

1. 立定跳远技术教学的整体观念

立定跳远技术是由准备起跳、起跳、腾空和落地 4 个部分组成的，这是传统分解教学法的一种划分方法。但实际上，立定跳远技术是一个不可分割的整体，各技术环节之间相互依存，相互影响。前一个环节是后一个环节的准备，后一环节是前一环节的延续。因此，在教学中必须树立一种整体教学的观念，教学手段的选择与运用一定要强调各技术环节间的衔接和整个技术的完整性，使分解技术服从和服务于完整技术的需要。同时，在完整教学中又要注意各技术环节的准确性和实效性。

2. 抓好关键技术环节

在教学中如何准确地把握教学重点，采用有效的教学手段和方法是确保立定跳远教学质量的基本前提。

在教学中既要注重立定跳远技术的规范性和示范性，同时还要加强立定跳远技术的竞技性和实效性。

3. 立定跳远教学中要处理好心理与技术和素质与技术两个关系

（1）处理好心理教学与技术教学的关系

整个教学过程实际上就是向学生不断进行良好心理教育的过程。那种忽略心理作用，只顾技术教学的做法是不可取的。一个毫无进取心和责任感，心理状态不稳定的人不可能在事业上有所成就。因此，教学中要有目的、有计划、有针对性地安排一些心理教育的内容，启发学生对技术要精益求精，对事业要执着追求。培养学生自信、稳定和自我调控的能力。

（2）要培养学生形成正确的跳跃心理定向

跳跃运动中的心理定向是影响跳跃运动技术和运动成绩不容忽视的一个问题。

如何尽快形成正确的跳跃心理定向是当前跳跃教学中面临的新研究课题。

（3）处理好身体素质发展与技术教学的关系

在立定跳远教学中，为了使学生快速而有效地掌握立定跳远技术，必须注意发展与立定跳远技术密切相关的专项素质，在教学中要抓好起跳技术。

专项能力的发展要密切结合专项特点和技术要求，以达到互为促进，互为提高的目的。

（二）立定跳远的教学方法

1. 教法提示

（1）起跳时要注意提肩以及髋关节和脊柱的伸展动作。拔腰、顶头，体会踝、膝、髋关节以及脊柱的伸展动作。

（2）随着摆动速度、幅度和力量的加大，腾空步的高度和远度相应加大。体会用摆动动作提高起跳效果。

（3）在做跳过障碍物和触及高物的练习时，应该在起跳的地方设立标志，起跳点距障碍物的距离，要根据练习者的素质水平而定，一般在1.5~2.5m之间，并使起跳的用力按向前向上的方向进行。

2. 原地模仿起跳

（1）简述

①原地模仿起跳时的摆臂、摆腿和起跳腿的蹬伸动作。

②注意体会起跳时起跳腿的着地蹬伸和臂与腿的摆动路线和用力顺序。

③理解和掌握立定跳远起跳中的蹬伸与摆动技术。

（2）练习要求

①摆动腿屈膝前摆至水平位，起跳腿送髋，膝、踝关节充分伸直与上体成一条直线，两臂屈肘前后快摆，到位后急停。

②起跳腿在体前 40～50cm 处用全脚掌握支撑，摆动腿在体后用脚前掌撑地，两臂屈肘与下肢协调置于身体前后；先由摆动腿快速蹬离地面，推动髋部前移，随即以髋带腿迅速前摆，小腿随惯性积极向大腿靠拢，当大腿摆动接近起跳腿时便加速向前上方摆至水平位。

③与摆动腿蹬地送髋的同时，起跳腿积极着地，髋部加速前移，并迅速由全脚掌过渡到脚前掌和脚趾支撑；与此同时，两臂快速前后摆动，前摆的臂屈肘略小于 90°，摆至与鼻齐高。另一臂屈肘约 90°～100°，向体侧后摆至肘略低于肩，立即制动提肩，上体始终保持正直，同时挺胸、拔腰，两眼远视前上方。

④人体最后要形成抬头挺胸，提肩拔腰，髋部前挺，起跳腿膝、踝伸直，摆动腿屈膝前顶的姿势。

3. 落地动作教学

（1）学习落地的方法

①立定跳远练习

A. 简述

强化腾空后收腹举腿，落地时两小腿做前伸动作。

B. 练习要求

a. 两脚左右开立与肩同宽，两腿弯曲，上体稍前倾，两臂向后上举，然后两臂用力向前上摆出，同时两腿用力蹬地，迅速向前上方跳出。

b. 身体腾空后收腹举腿，落地时两小腿前伸，两腿屈膝缓冲以维持平衡。

②立定跳远越过栏架练习

强化收腹举腿和落地前伸动作，要求同前。栏架的高低和距离的远近，要根据练习者的水平而定。

（2）教学提示

从立定跳远教学一开始就应学习落地的基本动作。

二、立定跳远技术训练

立定跳远的技术训练要围绕如何发挥和利用速度来改进和完善立定跳远技术。

青少年的立定跳远技术训练，还应注意培养正确的跳跃心理定向。

（一）腾空与落地技术训练

腾空与落地技术训练的目的是维持腾空后的平衡，最大限度地利用起跳所形成的抛物线轨迹，争取尽可能大的跳跃远度，避免受伤。

1. 掌握、提高腾空落地技术的主要练习方法

（1）利用吊环、单杠等辅助器械，模仿和改进落地动作。

（2）短、中程距离的完整立定跳远练习中，改进空中和落地动作。

2. 注意事项

（1）改进空中落地动作，以完整跳跃的方法为主，模仿、分解练习为辅。

（2）注意体会和把握落地伸腿过程中上体前倾的最佳时机。

（二）立定跳远心理定向

立定跳远心理定向对掌握正确的立定跳远技术有很大的促进作用。例如，在进行原地模仿起跳的技术训练时，只单方面进行技术训练，效果往往较差。但是，如果与心理训练结合起来，就能收到好的效果。

实践表明：运动员的跳跃心理定向不同，即使采用相同的训练手段和方法，也会产生不同的效果。

三、立定跳远的力量训练

立定跳远起跳时，要求腿部有强大的爆发力。立定跳远运动员的力量训练以发展速度力量为主。

（一）采用杠铃发展速度力量的主要方法

1. 负重提踵

（1）身体保持正直，两腿自然站立，“内八字”站立与“外八字”站立交叉进行

（2）由平地提踵逐步过渡到站在 5~8cm 高的台阶上提踵。

2. 负杠铃弓箭步走

（1）上体正直，注意体会单腿支撑与蹬伸动作。

（2）采用轻或中等重量，不宜采用大重量，注意保护，防止失去平衡。

3. 肩负杠铃克制性半蹲跳

（1）采用轻或中等重量。

（2）上体保持正直，切忌前倾。

（3）注意蹬伸的力量与速度。

（4）注意半蹲跳的连贯性。

4. 肩负杠铃退让性半蹲跳

（1）采用中等重量，控制缓冲的速度和幅度。

（2）要求着地缓冲阶段膝关节迅速固定在某一角度。

（3）强调间断地、不连续地完成半蹲跳。

5. 肩负杠铃深蹲起

（1）采用较大重量的负荷进行练习，一次训练课至少要完成 3 组，每组 2~4 次。

（2）注意力集中，爆发式地完成练习。

（3）强调蹲起的速度，蹲起时注意抬头挺胸，切忌先抬臀部。

（4）每次练习同跑、跳和放松练习结合起来。

6. 弓箭步连续快速抓举

（1）采用轻或中等重量。

（2）首先要掌握弓箭步抓举的技术动作；其次，要逐渐提高动作速度；最后，体会抓举的快速发力和动作节奏。

7. 连续快速下蹲翻练习

首先要掌握下蹲翻的技术动作，其次逐渐加大负荷重量和动作速度，最后在练习后进行跑、跳放松练习。

8. 挺举练习

（1）采用中等或较大重量负荷练习。
（2）上挺时注意力集中，以爆发式用力的方式完成练习。
（3）上挺动作结束后，应有控制地下放杠铃。

9. 组合练习

（1）要有针对性地选择练习手段，有目的地发展某一部位肌群。
（2）组合练习的设计，要分清主次，以某个练习为主。
（3）组合练习中的主要练习动作结构，要尽可能接近立定跳远的专项动作。

（二）采用跳跃手段发展速度力量的主要方法

1. 摆动跨步跳和力量性跨步跳

（1）从完成动作的效果来看，摆动性是指用加大摆动效果来增加跳跃速度；力量性是指用加大蹬地力量来增加跳跃远度。
（2）练习时应着重体会摆动动作的作用，体会上、下肢动作的协调配合。

2. 速度性跨步跳和幅度性跨步跳

（1）速度性要求跳跃速度，可采用计时的方法。
（2）幅度性要求加大每一步的动作幅度。

3. 各种方式的一般跳跃练习

如蛙跳、直腿跳等。做这些练习时，要注意跳跃的爆发式用力特点；注意单个跳跃动作间的连贯跳的次数。

4. 各种形式的跳深练习

如跳深立定跳远、跳深纵跳、跳台阶等。
（1）练习时落地方式可分单足与双足两种。

（2）跳深的高度要根据练习者水平确定。

（3）注意着地缓冲和起跳速度，要求快速起跳。

5. 与专项动作相近的跳跃练习

如各种方式的助跑起跳练习，各种方式的跳高、三级立定跳远以及跳越各种障碍的练习等。

（1）要体会利用助跑速度增强起跳效果的技巧。

（2）体会起跳动作的发力时机以及蹬与摆的配合。

6. 负重跳跃练习

（1）练习中应注意选择合理的负重重量与负重方式。

（2）负重的重量和方式可能影响跳跃动作的正确性。

（3）应将徒手跳跃与负重跳跃结合进行。

四、立定跳远的协调性与柔韧性训练

（一）立定跳远的协调性与柔韧性简述

协调性与柔韧性，同样是立定跳远运动员的一项重要素质，训练中不可忽视。

立定跳远训练由于力量训练的比重大，在一定程度上会对关节的灵活性产生不利影响。而良好的专项协调性和柔韧性增强了运动员的神经系统功能，提高了对肌肉的控制能力，有助于技术动作的改进和完善，而且也是加强运动员自我保护、防止运动损伤的有效措施。

（二）协调性和柔韧性训练的方法

协调性和柔韧性训练的方法主要有以下几点。

（1）各种静力性与动力性柔韧练习，如各种压腿、摆腿、踢腿、劈叉、跨栏等专门练习。

（2）武术基本功练习。

（3）各类有音乐伴奏的健美操、韵律操等。

（4）各种球类练习，如篮球、足球等。

在安排协调性和柔韧性训练时，要注意与发展动作幅度和动作速度的练习结合起来。

五、立定跳远赛前训练

（一）赛前训练内容

逐渐减少，一般的训练内容被取消，只保留与专项关系密切的训练内容。如技术及力量训练的内容等，像一般力量训练及一般身体训练的内容大量减少或取消。

（二）赛前训练手段

主要安排与专项关系最密切的手段。例如，力量训练以爆发性的快速练习手段为主。

（三）赛前训练的负荷量

从赛前的专门准备期开始，训练的负荷呈逐渐下降的趋势。

负荷量的下降主要表现在训练内容手段的减少，训练课时间的缩短以及每一手段练习重复次数的减少和中间休息加长等。减到一定程度后要保持一定的训练量，采取一天略大、一天略小或一天略大、两天略小的安排方法，使运动员在训练后可以及时地恢复过来，但又保持对机体的一定刺激，这样有利于运动员保持旺盛的体力和良好的竞技状态。

（四）赛前训练的负荷强度

在训练负荷量逐渐下降的同时，训练强度要逐渐提高，在赛前两周之内，各主要素质和专项技术训练强度均达到最大。

不能在一次训练课中各种手段训练强度都大，必须有计划地使各种手段的强度分别提高，否则易引起伤害事故。

六、立定跳远实训计划

（一）专项身体训练周实例

1．周一

（1）准备活动。

（2）跨栏练习 3~8 个栏×4~6 次。

（3）抓举，从 50 公斤至极限×10~15 次。
（4）深蹲，从 80 公斤至极限×10~15 次。
（5）肩负同伴单足蹲，两腿各跳 10 次。

2. 周二

（1）准备活动。
（2）发展腹背肌练习 3~5 组。

3. 周三

（1）准备活动。
（2）抓举和提拉杠铃练习，总量 1500~2000 公斤。
（3）负重下蹲：自重×1. 2×12 次~自重×1. 4×20 次。
（4）负重半蹲：80 公斤×10 次：100 公斤×10 次；120 公斤×10 次；130 公斤×5 次×2~4 组；140 公斤×5 次×2~4 组；60~8O 公斤×10 次×4 组。
（5）10 级跨步跳 2~4 次，10 级单足跳左右腿各 5 次。

4. 周四

（1）球类活动 60 分钟。
（2）柔韧性练习，放松练习，自我按摩。

5. 周五

（1）准备活动。
（2）30 米起跑 6~8 次。

6. 周六

（1）准备活动。
（2）肩负同伴，两腿各跳 10 次×2 组~12 次×4 组的跳跃练习。
（3）前后抛实心球和铅球练习各 20 次。

7. 周日

休息。

（二）技术训练周实例

1. 周一

（1）准备活动。
（2）前后抛掷铅球 10 分钟。

2. 周二

（1）准备活动。
（2）发展腹肌练习 3 组。

3. 周三

同星期一训练内容。

4. 周四

（1）越野跑 20~30 分钟。
（2）自我调整。

5. 周五

同星期一的训练内容。

6. 周六

同星期二的训练内容。

7. 周日

休息。

第二节　三级跳项目教学与训练

一、三级跳远技术教学

（一）三级跳远教材分析

1. 助跑与起跳结合是三级跳远技术的关键

（1）助跑与起跳结合既是三级跳远技术的关键，同时也是三级跳远技术的难点，主要体现在以下几个方面。

①助跑与起跳结合的好坏程度，关系到能否在保持已获得的水平速度前提下，完成正确的起跳技术动作。

②通过助跑要在起跳板前达到最大速度对三级跳远运动员来说不难，难点主要是在于要在高速度下及时地、不失时机地在极短的时间内完成着地、缓冲、起跳一系列技术动作。

（2）运动员要掌握好这一技术难点就必须注意以下两点。

①要发展腿部力量，提高起跳腿的支撑能力（由退让转为克制）

②要采用助跑与起跳技术结合的一些专门练习，按照技术要求，经常反复地进行练习，逐渐加大练习的强度和难度，掌握比较稳定、完善的技术。

2. 掌握完善的第一二跳着地技术

在第一二跳着地瞬间，运动员不仅要承受比起跳时更大的冲击力，而且还要在被动缓冲（拉长收缩）后迅速地完成蹬伸动作，这不仅要求运动员具备良好的专项力量素质，更需要他们具有合理、完善的着地技术，为下一跳作好用力准备，减少制动冲击力，以有利于充分利用水平速度。

这一技术的规范是，以髋关节发力，大腿以髋关节为轴积极伸髋下压，小腿前伸，微屈脚尖，主动伸展骨宽、膝关节向后下方积极扒地，由脚跟到脚前掌迅速依次滚动着地。同时还应注意脚着地时在摆动腿的积极配合下送髋，两臂协同作积极有力的摆动，以配合维持身体在空中的平衡。

为了使运动员掌握合理的技术，必须提高他们的专项素质，特别是提高专项跳跃能力，并将其贯穿于训练的各个阶段之中。

3. 根据运动员个体特点选择合理的三跳比例

一方面，充分发挥速度以及运动员个人特点，选择适合个人特点的三跳比例是取得好成绩的关键。在训练中，让运动员片面地去套用某一种比例、模仿某一种跳法是不可取的，这会限制运动员个人特点的发挥，阻碍运动成绩的提高。教练员应根据运动员助跑速度以及跳跃速度等情况，制订符合个体特点的合理三跳比例。

另一方面，力求减少水平速度的损失，并尽可能将水平速度最大限度地保持到第三跳是衡量运动员能否掌握现代三级跳远技术的主要标志。在运动员的专项水平发展中，第三跳的比例逐步加大是主要趋势。

4. 维持三跳中的身体平衡

三级跳远须进行 3 次着地接起跳动作，并且起跳是在很大水平速度下进行的。

由于起跳动作过程形成的制动和偏心推力的作用，人体在腾空后必然会产生一定的前旋。为此，运动员必须及时完成骨盆前移，腰背保持适度紧张，摆动腿高抬并积极前摆，两大腿间形成较大的夹角，进行合理的补偿，以克服身体在腾空时的前旋，维持三跳中的身体平衡。

除此之外，还必须加强协调性和感觉器官的调节及合理控制动作的能力。

（二）三级跳远的技术特征分析

现代三级跳远的技术特征主要表现在距离的加长，助跑步数的增加，助跑最后几步更加积极向前，与第一跳结合更加自然。

整个助跑快速轻松，与平跑技术十分接近，并且非常重视速度的利用率（即助跑速度与平跑速度之比 $K_V = V_1/V_2$。V_1 是最后两步助跑速度，V_2 是平跑时最快速度。高水平运动员 K_V 值接近于 1）。

1. 技术教学和训练的重点

（1）着地动作自然

单足跳和跨步跳时的着地动作更加自然，接近走和跑的着地动作。

（2）快速用力

即“助跑快”，在完成正确技术动作前提下的“三跳节奏快”和完整技术各环节的快速自然衔接。

（3）摆臂方式合理

将采用单（第一跳）、单（第二跳）、双（第三跳）摆动，既不影响跑速和动作的协调，又能更加积极地利用摆动腿和两臂的有力摆动作用来提高每一跳的起跳效果。

（4）着地恰当有力

着地点应恰到好处，以最大限度地减少水平速度的损失，并且使身体重心正好处在支撑腿上，支撑和用力蹬伸程度加大，使得着地动作更加集中有力。

（5）加强弱腿的跳远技术

世界优秀三级跳远运动员的实践表明，能力系数（K_n）是能否取得优异成绩的一个重要因素（$K_n = L_m / L_t$，式中 Lm 是摆动腿的跳远距离，1t 是起跳腿的跳远距离，高水平运动员 K_n 值约为 16m 左右）。

在第三跳中弱腿应采用挺身或走步式动作，充分发挥弱腿的跳远能力，以获得最大的远度。

（6）根据运动员的自身特点确定三跳长度的比例关系和最佳节奏

运动生物力学的研究表明，三级跳远的跳跃远度主要取决于各跳中的腾起初速度和腾起角。取得三级跳远优异成绩的关键在于合理地寻找到各运动员腾起初速度和腾起角的最佳配合。

①腾起初速度

腾起初速度与飞行距离成正比。在腾起角一定时，初速度越大，飞行距离就越远。

腾起初速度是由水平分速度和垂直分速度的大小所决定的；而水平分速度则是来源于助跑速度和各跳中水平速度的损失程度，它直接影响着各跳的距离。

②腾起角

在三级跳远中，腾起角也是影响各跳距离的一个重要因素。腾起角的大小是由水平分速度和垂直分速度的对比关系决定的。若为了追求垂直分速度的加大而致使水平分速度的严重损耗，反而会导致成绩下降。因此，在腾起角度达到一定数值时，应努力提高水平速度才能提高运动成绩。

运动生物力学原理和三级跳远运动员的实践证明，三跳的腾起角分别应为：第一跳（单足跳）14°~18°，第二跳（跨步跳）13°~15°，第三跳（跳跃）16°~20°。不同的运动员各跳的腾起角，会因身体条件、素质水平和技术水平的不同而发生相应的变化。

2. 三级跳各跳的距离之间是相互影响又相互制约的

（1）第一跳

如果无限度地加大第一跳，势必过多地损失水平速度，丧失后两跳的连续性和“进攻性”。

（2）第二跳

如果第二跳只当作一个“过渡步”所占比例很小，那么势必将影响第三跳的距离和三级跳远的总成绩。

（3）第三跳

第三跳是最后一跳，可以充分发挥腿部力量以求达到最大垂直速度来弥补水平速度的不足，使第三跳距离加大。但如果运动员水平速度下降过多，而弱腿（摆动腿）力量又较差，那么将会影响第三跳的距离。

在运动实践中，从运动员的三跳比例对比中可以看出，第二跳距离的百分比比较接近，而第一跳和第三跳所占的百分比差别较大。第一跳所占的百分比大，第三跳就小，反之，第三跳所占百分比大，第一跳就小。

总之，在设计三级跳远的三跳比例时，必须根据个人特点和训练水平建立合理的三跳距离的比例，这也是提高成绩的重要途径。

（三）三级跳远的教学程序与方法

1. 使学生了解三级跳远的一般知识

通过教师的讲解，使学生了解三级跳远的一般知识，提出学习三级跳远技术的要求，激发学生学习的积极性和主动性。

2. 学习和初步掌握三级跳远技术

（1）结合示范（或通过图片及多媒体教学手段）讲解三级跳远技术，使学生建立正确的技术概念，了解三级跳远技术的要求、方法和要领。

（2）立定三级跳远练习。

（3）上 1~3 步的三级跳远练习。

（4）助跑 4~8 步的三级跳远练习。

做练习 4 时，应先丈量助跑步点。通过这一练习，使学生初步掌握三级跳远技术。

3. 改进和完善三级跳远技术

改进和完善三级跳远技术，应根据学生的情况重点抓住以下三个环节，并采用相应的手段进行练习。

（1）助跑与第一跳起跳相结合和第一跳技术。

（2）第一跳与第二跳相结合和第二跳技术。

（3）第二跳与第三跳相结合和第三跳技术。

可以采用分解练习法，也可以采用设障碍物或画标记点的方法，并与完整练习法紧密结合起来，达到改进和完善三级跳远技术的目的。

4. 巩固和提高三级跳远技术

（1）丈量全程助跑步点，进行全程助跑的三级跳远，全面巩固和提高技术。

（2）根据学生的不同情况，采用相应手段，巩固和提高各技术环节的技术。

（3）进行三级跳远的技术评定。

（4）组织三级跳远的教学比赛。

二、三级跳远技术训练

（一）三级跳远技术训练内容与基本方式

（1）在助跑道上放置后 6 步标记，进行全程助跑练习。

（2）下坡助跑起跳练习，加快最后几步的助跑和起跳速度。

（3）在助跑道上放置后 6 步标记，进行全程助跑接第一跳练习。

（4）短中程助跑接起跳练，主要抓助跑和起跳的连贯衔接技术。

（5）全程助跑接起跳练习，强调体会大幅度、有弹性、动作放松的助跑技术，并体会最后几步节奏。

（6）一定距离的快速助跑接起跳的助跑计时练习，可变换距离（如短程、中程、全程）助跑计时，用于检测运动员的训练强度和一定距离内的速度变化情况。

（二）训练提示

（1）树立以速度为核心的训练思想。

（2）全程助跑练习应贯穿于训练的全过程。

（3）努力提高速度利用率，力求做到“助跑快”“上板快”和“起跳快”。

（4）强调助跑（特别是最后四步助跑）与上板起跳的连接，使助跑技术与起跳技术紧密结合起来。

(5) 通过各种不同段落的加速跑、反复跑训练来改进和完善助跑的技术动作，并在三级跳远助跑道上巩固和提高助跑技术动作。

1. 第一二跳技术练习（单足跳、跨步跳）

(1) 短程助跑做第一跳、第二跳入坑练习。

(2) 短程助跑做连续单脚跳练习，力求以大幅度、放松的动作完成摆动腿的积极主动着地动作。

(3) 短、中程助跑做第一跳技术练习。一般可在草地、松软泥土地上做，也可以沙坑作为第一跳着地点。

(4) 中程助跑做第一跳、第二跳入坑练习，通常可以在第二跳入坑的时候越过 30~40cm 左右高度的橡皮筋。

(5) 短程助跑单脚跳、跨步跳的各种组合练习如下。

①1 次单脚跳+1 次跨步跳的连续动作练习。

②1 次单脚跳+2 次跨步跳的连续动作练习。

③2 次单脚跳+2 次跨步跳的连续动作练习。

④1 次单脚跳+2 次跨步跳+2 次单脚跳+2 次跨步跳的连续动作练习。

教练员应创造性地根据运动员的实际进行创编和采取组合练习手段。

(6) 全程助跑单足跳+跨步跳练习，画出标志，强调第二跳的节奏。

其具体的训练提示内容如下。

第一，注意摆动腿的快速“跟摆”动作。

第二，全程助跑接第一二跳练习应有计划地贯穿于训练的各个阶段。

第三，第一跳完成起跳后，应注意换腿的时间（腾空步 1/3 距离后开始）适当、连贯。

第四，第一跳主动着地，依次主动地伸髋、伸膝关节，并以全脚掌“鞭打式”做有力的“扒地”动作。

第五，第一跳技术在完整的技术中起承前启后的作用，在技术训练时最好把助跑和第二跳技术连接起来进行练习，这样可更接近专项技术的要求，动作不会脱节，训练效果更好。

2. 第三跳技术练习及完整技术练习

(1) 摆动腿连续单脚跳练习。

(2) 全程助跑完整三级跳远技术练习。

(3) 原地多级跨步跳接跳跃步入坑练习。

(4) 短中程助跑完整三级跳远技术练习。

（5）短程助跑跨步跳+跳跃步入坑（也可在跳跃步时跳过 30~40cm 左右的橡皮筋）练习。其具体的训练提示内容如下。

第一，在技术上应注意以快速的“鞭打式”完成“扒地”动作。

第二，应注重在保持剩余水平速度前提下尽可能以较大的腾起角向上跳起。

第三，做短中程及全程助跑技术练习时应注意三跳动作的连贯协调技术，也可以运用标志物来进行三跳节奏的训练，形成符合运动员个体特点的合理三跳比例。

（三）三级跳远技术和素质训练中应注意的几个问题

（1）高度重视运动员背侧肌群力量的发展。

（2）三级跳远专项训练应与技术训练紧密结合，避免技术环节间的脱节。

（3）为提高训练效果，三级跳远技术训练应在体力充沛、精神集中的情况下进行。

（4）树立以速度为核心的训练指导思想，将助跑速度、跳跃速度的训练贯穿于训练全过程。

（5）三级跳远运动员到较高水平时，仍应保持全面身体训练，其比例约占总训练量的 30%左右。

（6）要不断提高三级跳远技术训练的难度，抓住技术重点，改进技术动作弱点，并确定个人特长。

（7）要提高三级跳远运动员的心理素质，把心理训练贯穿在技术训练之中，增强运动员在比赛中的心理调节能力。

（8）三级跳远运动员从初级阶段开始就要抓好以下环节。

①提高全面身体素质。

②掌握合理的三跳节奏。

③掌握全脚掌有力的“扒地”式着地技术。

（9）切实安排好三级跳远技术训练的安全措施，包括准备活动是否充分、场地是否平整、体力是否充沛等，特别是容易受伤的踝、脚跟脂肪垫、膝关节等部位更应引起重视，避免受伤。

（10）三级跳远技术训练的设计，应从运动员的身体素质实际情况出发。当运动员处在身体素质水平较低的情况下，不宜提出过高技术要求，否则容易导致受伤。反之，要求过低同样也达不到改进和提高技术水平的目的。

三、三级跳远赛前训练

（一）赛前训练阶段及时间确定

赛前训练阶段及时间的确定一般是以人体机能的发展规律为依据的。

1. 赛前训练各个阶段

表现为运动员经过一个阶段的训练后（获得性阶段）开始逐渐形成竞技状态（展现阶段），然后是竞技状态维持（保持阶段），最后是此种水平的下降阶段。

2. 赛前训练时间安排

赛前训练大约安排 10~12 周，一般分为两个中周期。
第一中周期为强化训练中周期，时间大约为 6~8 周。
第二中期为提高竞技状态阶段，时间为赛前 4 周左右。

（二）赛前训练的主要任务

1. 第一阶段的任务

进一步提高以负荷量为主的训练负荷，为形成较高水平的竞技状态打下基础。

2. 第二阶段的任务

提高竞技能力，在最佳竞技状态下参加比赛。

（三）大赛前的训练内容、手段及负荷安排特征

1. 第一阶段特征

（1）发展专项素质。
（2）把握专项能力。
（2）熟练专项技术。
（3）控制负荷强度。
（4）着重加大负荷量。

2. 第二阶段特征

（1）主要通过适当调整后，疲劳的机体得到恢复，在生理上、心理上做好充分的准备，以展现最佳竞技水平。在这期间，特别是赛前两周的训练内容将更加专项化，所采用的练习也更加接近专项的运动形式，练习的组织形式亦更加接近专项比赛特点。

在运动素质训练方面，一般素质练习比例有较大幅度的减少，专项素质比例增加。

在技术训练方面，分解练习比例减少，完整技术练习比例加大，并努力提高较好练习成绩的表现率与稳定性，可安排一些模拟比赛。

（2）负荷的一般特点是提高练习强度，相对减少负荷量。

（3）对强度的增加要有所控制，以保持神经系统的适宜兴奋性。

（4）要避免负荷强度与量的同步增加，否则，可能会导致运动创伤或使已获得的竞技状态受到破坏。

四、三级跳远实训计划

三级跳远的实训计划有很多，表 5-2-1 所示即为某三级跳远运动员某届亚运会赛前 10 天的训练安排①，具体内容如下。

表 5-2-1　某三级跳远运动员某届亚运会赛前 10 天的训练安排

日期	内容	负荷量	负荷强度
9 月 24 日	速度	中	中
9 月 25 日	专项跳	中	中
9 月 26 日	力量：抓举 60kg×5；高翻 90kg×2，105kg×1；全蹲 120kg×2+140kg×2，160kg×1+170kg×1+180kg×（最佳成绩）；跨步跳	中	大
9 月 27 日	一般活动；助跑练习×6 次；100m 计时×2	小	中
9 月 28–30 日（进亚运村）	一般活动；加速跑 60m×4；助跑五级跳远；24. 5m（最佳成绩）	中	大
10 月 1–3 日	休息；赛前准备活动；比赛：17. 51m（超风速）	中	大

① 引自田兆钟、侯福临相关研究成果。

第六章 投掷类项目教学与训练

作为田径运动中重要的一类项目，投掷类项目主要有铅球、标枪、铁饼、链球，等等。本章将在结合前文的基础上分别对推铅球与掷标枪项目教学与训练、掷铁饼与掷链球项目教学与训练展开论述。

第一节 推铅球与掷标枪项目教学与训练

一、推铅球的教学与训练

（一）推铅球技术教学

推铅球的教学应以完整教学法为主，并以最后用力阶段作为教学重点。我们这一小节将主要对推铅球项目里的背向滑步推铅球的技术教学流程展开说明。

1. 使学生了解推铅球的一般知识

通过教师讲解，使学生了解推铅球的一般知识，提出学习推铅球技术的要求，调动学生学习推铅球运动的积极性和主动性。

2. 使学生了解基本的原地推铅球的技术

（1）结合示范讲解原地推铅球的握持方法、原地推铅球的预备姿势和最后用力推铅球的技术动作。

（2）练习握球与持球的方法。

（3）徒手做原地推铅球的预备姿势和最后用力推铅球的模仿练习。

（4）进行原地推铅球练习。

3. 引导学生学习和初步掌握背向滑步推铅球技术

（1）结合示范或其他直观教学手段讲解背向滑步推铅球技术动作，使学生建立正确的背向滑步推铅球技术概念，了解背向滑步推铅球技术的要求、方法和要领。

（2）背向滑步推铅球前预备姿势练习。

（3）徒手或持球做背向滑步推铅球技术的模仿练习。

（4）在投掷圈外、再到投掷圈内做背向滑步推铅球练习。

4. 引导学生改进和完善背向滑步推铅球技术

（1）背对投掷方向，做左腿不摆动的右腿蹬地滑步练习，可连续做。

（2）背对投掷方向，做左腿摆、右腿蹬协调配合的滑步练习。要注意：在滑步时，身体重心先向投掷方向移动，然后左腿摆、右腿蹬紧密配合进行滑步。

（3）同上练习，加强右小腿的快速收拉和左脚快速落地动作。

（4）背向滑步推铅球的模仿练习。

（5）在投掷圈外或投掷圈内做背向滑步推铅球练习。

开始练习时，要强调动作的正确性。在不断改进和完善技术的基础上，可以加快动作的速度，掌握完整技术动作的节奏。

5. 引导学生巩固和提高背向滑步推铅球技术

（1）在投掷圈内反复进行背向滑步推铅球练习，巩固和提高技术。

（2）根据每个学生的情况，分别采用相应的有效手段，巩固和提高各技术环节的技术。

（二）推铅球技能训练

推铅球是一个速度力量性项目，是一个以力量为基础，以速度为核心的田径投掷项目。

1. 推铅球运动员的专项素质及其发展手段

推铅球运动员的专项素质有速度力量、绝对力量、柔韧性和灵活性、动作速度。

（1）发展速度力量的方法

①发展腿部肌群力量的方法

A. 腿推杠铃。

B. 负重蹲跳。

C. 负重提踵。

D. 负重下蹲（半蹲）。

E. 多级跨步跳。

F. 立定跳远或立定三级跳远。

G. 双腿连续跳过若干个栏架。

②发展躯干肌群力量的方法

A. 负杠铃转体。

B. 负杠铃体前屈。

C. 肋木悬垂举腿练习。

D. 体侧屈（负重或不负重）。

E. 仰卧起坐（负重或不负重）。

F. 俯卧背收（负重或不负重）。

G. 反复做体前屈双手握壶铃成直立。

③发展肩带肌群力量的方法

A. 俯卧撑（或推起击掌）。

B. 卧推杠铃（宽握、窄握）。

C. 颈后推杠铃（立姿、坐姿）。

④发展手腕和手指肌肉力量的方法

A. 单手抓球练习。

B. 做屈拨球的练习。

C. 做单手抛接球练习。

D. 手指撑地的俯卧撑。

（2）发展绝对力量的方法

资料统计表明（表6-1-1、表6-1-2），优秀运动员肌肉所发挥出的绝对力量的水平对运动成绩的提高，起着重要作用。

表6-1-1　绝对力量与专项成绩的相应指标表（男子）

指标	不同年龄阶段绝对力量与专项成绩的关系					
	18岁	19岁	20岁	21岁	22岁	23岁
专项成绩/m	14~16	15~17	16~17	17~19	18~20	19~21
卧推/kg	110~130	120~140	130~150	140~160	150~180	165~200
下蹲/kg	160~170	15~190	165~200	185~210	195~240	215~260

（续表）

指标	不同年龄阶段绝对力量与专项成绩的关系					
	18 岁	19 岁	20 岁	21 岁	22 岁	23 岁
抓举/kg	65～80	80～90	85～95	95～110	110～125	125～130
挺举/kg	100～120	110～130	130～150	140～155	150～170	160～180

表 6-1-2　最大性力量与专项成绩的相应指标表（女子）

指标	不同年龄阶段绝对力量与专项成绩的关系					
	18 岁	19 岁	20 岁	21 岁	22 岁	23 岁
专项成绩/m	14～16	15～17	16～18	17～19	18～20	19～21
卧推/kg	75～90	80～105	95～115	110～130	120～140	135～150
下蹲/kg	100～120	110～135	120～150	140～170	150～185	170～200
抓举/kg	50～65	60～80	75～90	85～100	90～105	95～110
挺举/kg	75～95	85～105	90～110	100～120	115～130	125～140

可采用卧推杠铃、负重全蹲、抓举杠铃、高翻杠铃等手段，通过如下练习发展绝对力量。

①快、慢动作组合训练法

慢动作的力量训练效果好，但将慢、快、慢动作组合起来训练，效果更好。

②不同强度（重量）交替训练法

用本人最佳成绩 80%的重量与 40%的重量交替训练，效果较佳。

③大力量训练与专门力量训练相结合法

不仅能促进绝对力量水平的提高，也有利于迅速提高专门力量训练水平，还能消除或减轻神经、肌肉系统的疲劳程度。

④“克服—坚持—退让”组合训练法

实践证明，最佳效果组合的比例为：50%（克服）、25%（坚持）、25%（退让）。

（3）发展灵活性和柔韧性的方法

第一，转髋跑。

第二，球类活功。

第三，各种压腿、踢腿。

第四，前后或左右大分腿下压。

第五，加大髋部转动幅度的练习。

第六，行进间听信号急转身加速跑。

第七，负重体侧屈，逐渐加大侧屈的程度。

（4）发展动作速度的方法

第一，蛙跳。

第二，30m 加速跑。

第三，蹲踞式起跑。

第四，多级跨步跳。

第五，推或投小铁球。

第六，双腿跳过若干栏架。

第七，负轻杠铃快速转体。

2. 推铅球多年训练

多年训练一般可分为以下几个阶段。

第一个阶段：基础训练阶段（13~15 岁）。

第二个阶段：初级专项训练阶段（16~17 岁）。

第三个阶段：专项提高训练阶段（18~20 岁）。

第四个阶段：高级训练阶段（21 岁以上）。

下面，我们对专项提高训练阶段展开说明。

（1）专项提高阶段的训练任务

①进行比赛时的模拟心理训练。

②参加国内外各种比赛，积累和充实比赛经验。

③巩固提高背向滑步推铅球或旋转推铅球的完整技术。

④在全面发展各项身体素质的基础上，加强专项素质和专项能力的训练。

⑤提高自我分析动作的能力，掌握基本的理论知识，做到理论和实践相结合。

（2）专项提高阶段的训练内容与方法

①在训练和比赛中提高自我控制能力和抗干扰能力。

②能在比赛中发挥其正常水平，赛后总结经验并能提高认识。

③根据客观条件，从事球类、体操、游泳、爬山等运动项目。

④进一步完善完整技术，各环节衔接自然连贯，动作协调、稳定，体现出较强的动作节奏感。

⑤巩固提高全面身体素质的训练水平，突出发展专项素质和专项能

力。需要注意的是，进行力量训练应以速度力量和绝对力量的练习相结合为宜。

(3) 专项提高阶段的训练负荷安排

根据训练时间、内容等，我们把专项提高阶段的训练负荷安排用表 6-1-3 表示，具体内容如下。

表 6-1-3　专项提高阶段训练负荷的安排

训练时间、内容及素质练习	专项提高阶段训练负荷安排	
	18~20 岁（男子）	18~19 岁（女子）
每周训练次数/次	7~8	7~8
每次课训练时间/h	2~3	2~3
全年比赛次数/次 主项	10~15	10~15
全年比赛次数/次 副项	2	2
全年训练总次数/次	280~320	280~320
模仿练习/次	4800~6400	4800~6400
原地推球/次	3000	3000
滑步推球/次	3000	3000
总次数/次	6000	6000
投掷轻器械/次	3000	3000
专门投掷/次	4200	4200
速度（80%以上强度）/m	5 万~6 万	5 万~6 万
跳跃/次	8000~15000	8000~15000
耐力/m	30 万	30 万左右
力量/kg	100~140 万	80~20 万

注：铅球重量，男子为 7.26kg，女子为 4kg。

上表引自刘建国、宫本庄、周铁军等编：《田径运动》，高等教育出版社 2002 年 7 月版。

(4) 专项提高阶段的训练检查与评定

①身体素质的检查与评定标准

按照评定项目，身体素质的检查与评定的男、女标准分别如表

6-1-4、表 6-1-5 所示。

表 6-1-4　专项提高阶段男子身体素质的检查与评定标准

评定项目	不同年龄阶段评定标准								
	18 岁			19 岁			20 岁		
	优秀	良好	及格	优秀	良好	及格	优秀	良好	及格
后抛铅球/m（17-18 岁，6kg）	16	15	14	17	16	15	18	17	16
立定跳远/m	3. 10	3. 00	2. 90	3. 15	3. 05	2. 95	3. 20	3. 10	3. 00
立定三级跳远/m	9. 60	9. 30	8. 80	10. 00	9. 60	9. 20	10. 00	9. 70	9. 30
30m 蹲踞式起跑/m	保持或再提高								
100m 蹲踞式起跑/m	11. 6	12. 0	12. 4	保持高水平					
1500m 跑/s	保持高水平								
卧推/kg	130	120	110	140	130	120	150	140	130
抓举/kg	80	75	65	90	85	80	95	90	85
深蹲/kg	170	160	135	190	170	155	200	190	165
推举	120	110	100	130	120	110	150	140	130

表 6-1-5　专项提高阶段女子身体素质的检查与评定标准

评定项目	不同年龄阶段评定标准								
	18 岁			19 岁			20 岁		
	优秀	良好	及格	优秀	良好	及格	优秀	良好	及格
后抛铅球/m（6kg）	16	15	14	17	16	15	18	17	16
立定跳远/m	2. 60	2. 55	2. 50	2. 65	2. 60	2. 55	2. 70	2. 65	2. 60
立定三级跳远/m	7. 90	7. 70	7. 30	8. 00	7. 80	7. 40	8. 10	8. 00	7. 60
30m 蹲踞式起跑/m	4. 1	4. 2	4. 4	保持或再提高					
100m 蹲踞式起跑/m	11. 6	12. 0	12. 4	保持或再提高					

（续表）

评定项目	不同年龄阶段评定标准								
	18 岁			19 岁			20 岁		
	优秀	良好	及格	优秀	良好	及格	优秀	良好	及格
1500m 跑/s	保持高水平								
卧推/kg	95	85	75	105	95	85	115	105	95
抓举/kg	65	60	50	80	75	60	90	85	75
深蹲/kg	120	110	100	135	120	110	150	140	120
推举	95	85	75	105	95	85	110	100	90

②专项成绩的检查与评定标准

根据性别不同，我们制订了专项成绩的检查与评定标准表（表 6-1-6），具体内容如下。

表 6-1-6　专项成绩的检查与评定标准

评定项目	不同年龄阶段评定标准								
	18 岁			19 岁			20 岁		
	优秀	良好	及格	优秀	良好	及格	优秀	良好	及格
男子	16	15	14	17	16	15	18	17	16
女子	16	15	14	17	16	15			

注：铅球重量，男子为 7. 26kg，女子为 4kg。

（三）赛前技术训练与力量训练

1. 赛前技术训练简述

针对处在专项提高阶段的青少年运动员，赛前阶段的技术训练，主要采用标准重量的铅球，也可少量采用大重量的铅球。

技术训练的重点是，完善推铅球技术的速度、节奏、用力顺序和技术的稳定程度，动作要自然、放松和舒展。

技术训练的主要内容是，完整推铅球技术练习应占投掷次数的 2/3 以上。一次技术训练课投 30—40 次，赛前一周投 15—20 次。

2. 赛前力量训练简述

赛前阶段的力量训练是训练的重要内容之一，而且主要力量训练手段的指标都应达到最高水平。

大力量的训练手段则主要集中采用卧推、深蹲和高翻3项。

最后一次最高强度的训练，应安排在赛前3周（或20天）进行，其训练负荷强度在3个手段上都要力求达到或超过自己的最高成绩。

最高强度训练，一次课安排2—3个手段，在2—3次课中完成。此后，训练负荷强度降低至最高强度的0—60%，负荷量再减少1/3，使运动员有充沛的体力和精力。

（四）推铅球实训计划

本实训计划参照北京体育大学业余体校专业铅球组准备期周和比赛周训练计划制订而成，每周6次。

1. 准备期周训练计划

（1）周一的训练计划如下。

①加速跑

60米×5次。

②半蹲

130公斤×7次×5组。

③体前快推

30公斤×8次×5组。

④滑步推球

40次（5公斤20次、4公斤20次）。

⑤卧推

60公斤×5次、70公斤×5次、80公斤×5次。

⑥下蹲

100公斤×5次、110公斤×5次、130公斤×5次。

（2）周二的训练计划如下。

①背向滑步推球

30次。

②轻松跨步跳

80次。

③肩负杠铃侧屈

20 公斤×10 次×5 组。

④高翻

60 公斤×5 次、70 公斤×5 次、80 公斤×5 次。

（3）周三的训练计划如下。

①加速跑

60 米×5 次。

②背向滑步推球

20 次。

③卧推

85 公斤×5 次×5 组。

④半蹲

100 公斤×5 次×5 组。

（4）周四的训练计划如下。

①轻松跨步跳

100 次。

②滑步推铅球

30 次。

③双手推壶铃

20 公斤×10 次×5 组。

④肩负杠铃侧屈

20 公斤×10 次×5 组。

⑤高翻

60 公斤×5 次、70 公斤×5 次、80 公斤×5 次、90 公斤×5 次。

（5）周五的训练计划如下。

①背向滑步推球

20 次。

②加速跑

60 米×5 次。

③卧推

70 公斤×5 次×5 组。

④半蹲

100 公斤×5 次×5 组。

（6）周六的训练计划如下。

①轻松跨步跳

100 次。

②滑步推铅球

30 次。

③高翻

60 公斤×5 次×5 组。

④肩负杠铃侧屈

20 公斤×10 次×5 组。

⑤双手推壶铃

20 公斤×10 次×5 组。

2. 比赛期周训练计划

(1) 周一的训练计划如下。

①滑步推铅球

20 次。

②肩负杠铃前后交换腿跳

40 公斤×10×5 组。

③肩负杠铃侧屈

50 公斤×10×5 组。

④肩负杠铃转体

40 公斤×10 次×5 组。

(2) 周二的训练计划如下。

①滑步推铅球

20 次。

②加速跑

30 米×5 次。

③半蹲

120 公斤×5 次×5 组。

④卧推

65 公斤×5 次、80 公斤×5 次、90 公斤×5 次×4 组。

(3) 周三的训练计划如下。

①滑步推铅球

20 次。

②肩负杠铃前屈

50 公斤×10 次×5 组。

③负杠铃前后交换腿跳

40 公斤×10 次×5 组。

（4）周四的训练计划如下。

①滑步推铅球

15 次。

②加速跑

30 米×5 次。

③卧推

80 公斤×5 次×5 组。

④半蹲

100 公斤×5 次×5 组。

（5）周五的训练计划如下。

①滑步推铅球

15 次。

②一般性体操和伸展性练习 30 分钟。

（6）周六

比赛。

二、掷标枪教学与训练

（一）掷标枪教学分析

1. 掷标枪教材分析

掷标枪技术教学的重点是最后用力动作。

在教学中，要注意的几点内容如下。

第一，应重视投掷步特别是交叉步技术的教学。

第二，要帮助学生掌握左侧支撑动作，体会左臂、左肩、左腿等身体各环节在最后用力中的正确运动与配合。

第三，要强调沿标枪纵轴用力的技术要求，重点体会投掷臂“鞭打”用力方向与枪尖指向一致，与标枪纵轴不产生任何方向上的角度偏差。

第四，应注意引枪的方向、标枪的位置以及引枪和下肢动作的协调配合，强调交叉步两腿摆蹬的配合和形成超越器械姿势，并对投掷步的步点、步长、加速、连贯性和动作节奏等方面不断提出要求。

第五，要帮助学生掌握合理的投前姿势和正确的最后用力顺序，通过专门性练习体会身体各环节动作的协调配合，尤其是腿、髋、腰、胸、肩等大肌群的用力要求；学会“自下而上”“以大带小”的用力顺序，防止只以上肢用力或上肢过早用力的错误动作，强调发挥身体各环节力量放松投掷。

第六，要清楚助跑与最后用力紧密衔接既是教学的重点，也是教学的难点。教师在教学中，应深入钻研教法，选择有效的练习手段，反复强调交叉步后右腿快速转入蹬伸动作和左脚主动快落进行最后用力的要求，并采用由慢速助跑练习逐渐过渡到快速助跑练习，由模仿练习过渡到轻器械练习等教学方法，帮助学生尽快掌握在快速助跑中连贯地完成最后用力的技术动作。

2. 掷标枪教学流程

（1）建立正确的掷标枪技术概念

①通过讲解、示范和其他电化教学手段，使学生了解掷标枪的技术过程、主要技术环节及其特点。

②简介掷标枪的比赛规则、场地和器材，简介掷标枪运动的发展，提出掷标枪教学要求与安全措施，使学生掌握掷标枪的一般知识。

（2）学习最后用力技术

①学习、掌握掷标枪的各种诱导练习和专门练习。

②学习握枪与持枪方法。

A. 学习现代式握法，介绍普通式握法。在讲解、示范后让学生练习，教师检查并组织学生相互纠正。亦可组织学生对两种握枪法进行比较分析。

B. 学习肩上持枪方法。教法手段同握枪。

（3）原地正面插枪

面对投掷方向，两脚前后开立，左脚在前，身体成“弓”形姿势，投掷臂伸直持枪于右肩后上方，枪尖低于枪尾，左臂微屈于体前。然后两腿蹬地，以胸带臂，沿枪尖指向掷出标枪。

（4）正面上一步插枪

面对投掷方向，两脚前后开立，右脚在前，右臂伸直持枪于右肩后上方。然后左腿前迈，体重移向右腿，随左脚落地右腿用力蹬地、送髋，上体和右胸积极向前，带动右臂向前下方插枪。

（5）原地侧向掷标枪

侧对投掷方向，两脚左右开立，体重落在弯曲的右腿上，上体向右倾斜，投掷臂伸直持枪于肩轴延长线上，枪尖约与眼同高，指向约为30°的前上方，左臂微屈于左肩前，目视投掷方向。然后右腿蹬转，送髋转体，转肩翻肘，在左腿支撑、蹬伸配合下，以胸带臂“鞭打”掷出标枪。

（6）倾向上一步掷标枪

准备姿势同（5），但左腿靠近右腿，左脚尖在右脚跟处着地。在右腿蹬转、送髋的同时，左腿前迈下插着地，并连贯完成后续动作掷出标枪。

3. 学习投掷步掷标枪技术

（1）引枪练习

原地正面两脚前后开立，左脚在前，右臂弯曲肩上持枪；然后按投掷步第一、二步的技术要领完成引枪动作。

①原地引枪练习

要求：转体与引枪配合，引枪方向正确。

②上两步引枪练习

要求：随教师的口令，引枪动作要由慢到快，注意两腿前迈与引枪动作同步进行。

③走和慢跑 4 步接引枪的练习

要求：先做走 4 步引枪练习，再过渡到慢跑 4 步引枪练习。同时上、下肢动作要协调配合，引枪在两步内完成。

（2）投掷步掷标枪练习

面对投掷方向两脚前后开立，左脚在前，肩上持枪。然后右腿前迈完成投掷步动作，最后用力掷出标枪。

①徒手或持标枪做投掷步接“满弓”练习

要求：交叉步后右腿蹬地与左脚下插落地结合。

②徒手或持标枪做投掷步练习

要求：动作连贯，形成良好的最后用力准备姿势。

③投掷步掷标枪练习

要求：练习时应重点强调交叉步动作，超越器械动作，投掷步第三、四步与最后用力衔接以及正确的最后用力顺序。

（3）投掷步第三、四步的练习

侧对投掷方向，两脚左右开立，投掷臂后引伸直。然后右腿屈膝积极前摆，左腿配合蹬伸，经低腾空右脚着地，右腿弯曲左脚下插着地，上体右倾形成最后用力准备姿势。

①徒手、持标枪做交叉步结合左脚着地的练习

要求：右腿着地瞬间，左腿摆至右腿前。

②徒手、扶同伴两肩或扶支撑物做右腿屈膝前摆与左腿交叉的练习

要求：两腿协调配合、避免踢右小腿动作。

③徒手、持标枪或软树枝连续向前交叉步走和交叉步跑

要求：两腿摆蹬协调配合上体右倾，投掷臂保持稳定。

④侧向上两步掷标枪练习

要求：交叉步后形成超越器械姿势，上步与最后用力结合，最后用力顺序正确。

⑤侧向上两步成“满弓”练习

要求：随着交叉步右脚着地屈膝缓冲，右腿蹬地用力，左脚下插着地，转肩翻肘形成“满弓”姿势。

4. 学习全程助跑掷标枪技术

（1）持枪助跑练习，要求面对投掷方向两脚前后开立，左脚在前，肩上持枪。然后右腿前迈开始做持枪助跑练习，助跑速度由慢到较快，距离20~30m。

（2）持枪慢跑4~6步接投掷步的练习。

（3）持枪中速跑4~6步接投掷步的练习。

（4）4~6步助跑掷标枪或小垒球的练习，要求4~6步是预先助跑，然后进入投掷步结合，最后用力投掷标枪。

（5）丈量全程助跑步点，要求如下。

以走步或跑步的方法确定全程助跑距离和第二标志点，通过反复练习达到基本稳定。

（6）8~10步助跑掷标枪练习，要求预跑速度不要太快，引枪动作连贯，控制好标枪，投掷步结束形成超越器械姿势，并迅速进入最后用力阶段，最后用力顺序正确。

5. 改进和提高掷标枪的完整技术

（1）确定个人助跑速度，全程逐渐加速助跑掷标枪。

（2）全程助跑掷标枪练习，应重点强调动作的连贯性和节奏。

（3）教师要注重培养学生分析技术、发现和纠正错误动作的能力。根据每个学生掌握技术的情况，分别采用相应的有效手段，改进有关技术环节的动作，提高和巩固掷标枪完整技术。

（二）掷标枪技术训练

掷标枪的技术训练方法有以下几点。

（1）交叉步各种练习和交叉步掷标枪。

（2）原地和上步插枪、投小球或石块、掷标枪。

（3）原地侧向掷轻标枪、标准枪或投掷其他器械。

（4）短程、半程、全程助跑掷标枪或投掷其他器械。

（5）掷标枪各种专门练习和模仿练习（徒手和带器械）。

（6）原地、上3~5步、短程助跑、全程助跑的鞭打练习。

（7）以各种速度做持枪助跑练习和持枪助跑接投掷步的练习。

（8）原地、上步和短程、全程助跑（采用不同的助跑速度）做引枪练习。

（9）投掷步掷标枪或投掷其他器械。可在地上画出步点标志或通过语言、击掌等信号提示进行投掷步练习，以形成稳定的步长和建立节奏感。

（三）掷标枪素质训练

1. 专项力量训练的主要方法

（1）坐凳肩负杠铃转体。

（2）双手持杠铃片弓步臂上举。

（3）单手或双手持杠铃片做右腿蹬转展体拉“满弓”的练习。

（4）两手持杠铃片左、右腰绕环。要求绕环幅度大，结合挺髋动作。

（5）仰卧、斜卧、立姿或坐姿，单臂或双臂从头后屈肘拉起杆铃片。

（6）正面上一步、上两步、助跑以单手或双手从头后向前上方掷实心球。

（7）单手或双手持杠铃片，单臂或双臂绕肩转动，或绕肘、腕转动（向不同方向）。

（8）单杠悬垂，两腿后摆并充分展体挺髋，然后快速收腹举腿使两脚触及头上方的单杠。

（9）原地正面两脚前后开立，左脚在前，以单手或双手从头后向前上方掷实心球。

2. 专项速度训练的主要方法与手段

（1）发展专项动作速度的主要练习

①徒手或持枪，交叉步后右腿做快速蹬转送髋动作。

②投掷步或短程、半程、全程助跑掷小球、小石块和轻标枪。

③原地侧向、交叉步、助跑对挡墙或挡网掷垒球、小沙包和轻橡皮球。

④原地或上步做大幅度、快速度的展体“拉弓”和屈体“鞭打”练习。

⑤徒手或持枪，原地或左腿上一步做右腿大幅度快速的蹬转送髋

练习。

⑥原地正面、原地侧向和上步，徒手或手持软树枝做各种“鞭打”练习。

⑦右手持一段软管、粗绳或软竹竿，原地、上步或助跑，快速用力击打前上方悬挂的轮胎，吊球或其他标志物。

⑧两手正握单杠，两脚前后开立，左脚在前，右腿屈膝，体重落在右腿上；然后做快速的蹬腿送髋和挺胸拉肩练习。

（2）发展助跑速度的主要练习

①持枪全程助跑练习。

②持枪跑接投掷步的节奏跑练习。

③短、中、长距离持枪快跑，利用下坡持枪快跑。

④20—30m 持枪计时加速跑或行进间 15—20m 持枪计时跑。

⑤徒手、持枪或负轻重量连续交叉步跑 15—20m，持枪计时跑。

⑥持枪跑 15—20m 后引枪接侧向交叉步跑 15—20m，动作熟练后结合计时。

3. 柔韧性、灵活性训练的主要方法与手段

（1）向不同方向大幅度摆腿和摆臂。

（2）两手握单杠或吊环做悬垂翻转拉肩练习。

（3）利用垒木或双人配合做各种背弓和后桥练习。

（4）各种转体、屈体、体侧屈和伸展腰椎关节的练习。

（5）俯卧在体操垫上，两手握裸做抬头、挺胸、展髋练习。

（6）侧向站立，原地和上步做低重心、大幅度的右腿蹬转、送髋练习。

（7）利用垒木或标枪做各种压肩、转肩和双人配合拉伸肩关节的练习。

（8）单手或双手握标枪、拉胶带、扶垒木和低单杠，或拉住同伴的手做各种展体拉“满弓”的练习。

（9）各种转髋练习，如正面两腿左右交叉转髋走，侧向两腿前后交叉转髋跑，两腿并拢或左右大开立转髋，原地或行进间跳起连续转髋，等等。

（四）掷标枪赛前训练

1. 赛前训练简述

在重大或主要比赛前，应安排一个专门准备阶段进行赛前训练，通常需要有6—8周的时间，其是由训练准备期向竞赛期的转化和过渡，训练内容有所变化，但不宜过多过大，两者要注意衔接，体现连贯性。

2. 赛前训练的特点

相对增加专项训练内容的比重，提高专项技术训练质量，稳妥地减小训练负荷量而相应加大负荷强度，逐渐提高运动员的心理应激水平，更加突出具有个人特点的训练安排，逐步提高竞技能力，以适应比赛的需求。

3. 赛前训练的主要任务

通过技术训练、身体训练、心理诱导以及模拟训练等逐步提高运动员的专项能力和竞技状态，为运动员在比赛中能取得优良的成绩做好准备。

4. 赛前训练时间安排

我国运动员在参加重大比赛前4天的训练安排内容如下。

第一天，掷标枪10—5次，抛铅球和跳跃练习。

第二天，杠铃练习。

第三天，赛前准备活动。

第四天，休息。

第五天，比赛。

在安排赛前训练时，教练员还应从实际情况出发，使训练时间尽可能与比赛日程相一致，注意女子运动员月经周期的变化，避免在训练中发生伤病。此外，教练员必须将心理训练、恢复训练的内容纳入赛前训练计划。

（五）掷标枪实训计划

1. 青少年运动员周训练计划示例

我们以星期为准，制订出准备期每周训练4次的周计划，周计划涉及主要任务、主要内容、负荷量等，具体内容如表6-1-7所示。

表 6-1-7 准备期每周训练 4 次的周计划示例

星期	主要任务	主要内容	负荷量	负荷强度
周一	改进技术；发展柔韧素质；提高跑跳能力	垒木练习；持枪柔韧练习；加速跑 40m×6；引枪 20 次；投掷步练习 20 次；上两步掷标枪 15—20 次；投掷步掷标枪 20—25 次，立定三级跳远 15 次；跳栏架 50—60 次	中	中
周三	发展速度、提高专项力量	跑的专门性练习；加速跑 30m×4；行进间跑计时 20m×6；持枪跑 30m×4；持枪连续交叉跑 20m×4；双手持杠铃片弓步壁上举 12 次×4；两臂摆振 10 次×4；肩绕环各 10 次×4；腰绕环左右各 6 次×4	大	中
周五	发展柔韧素质、改进技术、发展专项“鞭打”速度	垒木练习；加速跑 40m×6；专项技术模仿练手；上步投小球 10—15 次；投掷步投小球 10—15 次；短程助跑打鞭子 20 次；短程助跑掷轻标枪 20 次；立定跳远 15 次	中	小或中
周六	发展力量素质、抛掷练习、发展下肢爆发力	加速跑 40m×6；抓举；负重转体；仰卧头后拉起重物；正面上步双手头后向前上方掷实心球 20 次；后抛实心球 20—25 次；原地投重器械 20 次；跳栏架 50—60 次；跑跳步练习	大	中

2. 青少年运动员训练课计划示例

（1）本课训练任务

①发展运动员肩、胸、腰的柔韧性。

②发展专项“鞭打”速度，提高专项投掷能力。

③改进交叉步和最后用力技术动作，提高交叉步两腿摆、蹬、落的配合以及形成超越器械、连贯用力和最后用力顺序的动作质量。

（2）准备部分

①垒木练习

A. 压肩。

B. 同伴帮助压肩。

C. 双手握垒木下蹲，两腿蹬起拉肩。

D. 背对垒木站立，逐渐下腰使人体成“桥”形。

E. 双手或单手握垒木拉肩，逐渐加大动作幅度。

F. 两手握垒木，两脚踏在垒木低层横木上做反弓拉肩。

②慢跑 600-800m。

③行进间徒手操 8 节。

④加速跑 40m×6 次，注意跑得轻快，富有弹性，动作正确。

（3）基本部分

①专项技术模仿练习

A. 上两步引枪，10 次×2 组。

B. 引枪接交叉步，5 次×4 组。

C. 持枪投掷步接右腿蹬转拉成“满弓”，4 次×5 组。

D. 右臂伸直持枪，蹬地送髋转体拉成“满弓”6 次×5 组。

②立定跳远，5 次×3 组。

③上两步投 300g 小球，5 次×3 组。

④投掷步投 200g 小球，5 次×3 组。

⑤4—6 步助跑掷轻标枪（重量不超过 300g），5 次×4 组。

⑥4 步助跑打鞭子（右手持一段粗绳、胶管或软树枝，助跑进入投掷步接最后用力击打足球门横顶木或其他标志物），5 次×4 组。

（4）结束部分

①伸展练习 5min。

②放松慢跑 400m。

③追逐游戏 5min。

第二节 掷铁饼与掷链球项目教学与训练

一、掷铁饼教学与训练

（一）掷铁饼技术教学

1. 掷铁饼技术教学简述

（1）概念

掷铁饼的技术教学是根据教学对象的不同，采用合理的方法与练习手段，使学生掌握与完善技术动作的过程。

（2）重、难点

①重点

掷铁饼技术教学的重点通常是最后用力、旋转以及旋转与最后用力的结合等部分。

②难点

技术难点表现在旋转与最后用力的有机结合。

A．旋转

旋转是掷铁饼完整技术中动作最复杂的部分，是为最后用力所做的必要准备。

旋转技术的好坏对于加长最后用力的工作距离，获得用力前最佳的身体姿势，使器械获得较大的出手速度，具有重要意义。因此，教学中在掌握旋转中两腿及髋部动作和身体重心及转动轴左右转移的基础上，应加强旋转动作中良好的平衡和适宜的节奏，充分加大旋转动作的幅度和半径，在最后用力前形成良好的超越器械。

B．最后用力

最后用力是铁饼出手时获得速度的关键。在最后用力教学中，应始终紧紧抓住右腿右髋的转蹬和两腿的协调支撑用力及自下而上的用力顺序等重点，这对于掌握正确的最后用力顺序和快速投掷动作至关重要，可为技术进一步的完善和成绩的提高打下坚实的基础。即使进入教学最后阶段，也应该安排一定时间来复习和改进最后用力技术。

（3）教学活动的展开

在掷铁饼教学过程中，不仅要明确技术特点，更应注意围绕技术的重点和难点开展教学活动。在选择教学手段时应由简到繁、由易到难，克服学习过程中遇到的困难，提高教学质量。

2. 掷铁饼的教学程序与方法

掷铁饼的技术较为复杂，其具体的教学程序与方法如下。

（1）使学生了解掷铁饼的一般知识

通过教师的讲解示范，采用观看技术图片、技术录像等多种手段，使学生了解掷铁饼的一般知识，建立正确的掷铁饼技术概念，并提出学习要求。

（2）学习和掌握原地掷铁饼技术

①结合示范（或通过图片等直观教具），讲解原地掷铁饼技术，使学生建立正确的技术概念，了解原地掷铁饼技术的要求、方法和要领。

②正面原地掷铁饼练习。面对投掷方向，两脚左右分开比肩稍宽站立。预摆铁饼1—2次，最后一次预摆当铁饼摆到体后时，躯干向左后方扭转双腿微屈并降低身体重心。随铁饼回摆动作而蹬伸双腿，并前送右髋，带动投掷臂将铁饼掷出。

③侧向原地掷铁饼练习。身体侧对投掷方向，两脚左右分开比肩稍宽站立，右脚与投掷方向约成135°角，左脚与投掷方向约成45°角，左脚尖与右脚跟在一条直线上。完成预摆动作时身体重心移向右腿，并降低重心。右腿向投掷方向蹬转发力送髋，带动上体和投掷臂将铁饼掷出。

做（2）、（3）练习时，开始可做徒手模仿练习或投掷小木棒，逐步过渡到投掷铁饼练习。练习时不要盲目追求投掷远度，要着重体会正确的用力顺序，特别是腿髋发力与投掷臂的协调配合，掌握正确的技术动作。随着技术动作的逐步掌握与完善，再逐步提高对投掷远度的要求。

（3）学习握饼、预摆和拨饼技术

①握持铁饼练习。

②做“左上右后”或“体前左右”预摆铁饼练习，逐步加大动作幅度，体会摆动动作。

③投掷臂伸直持握铁饼，做与地面形成不同角度的小幅度预摆铁饼练习，提高学生控制饼的能力。

④结合示范（或通过图片等直观教具），讲解铁饼的握法、预摆方法及拨饼方法，使学生了解技术要求、方法和要领。

⑤拨饼练习。

A. 握持铁饼做前、后摆动，在向前摆动中将铁饼向上抛起（高约1.5—2m），铁饼离手瞬间用手指拨饼，使铁饼按顺时针方向旋转。

B. 握持铁饼以肩为轴在体侧做前、后摆动。当铁饼摆到身体前最远处时，持饼臂伸直，由小指到食指依次拨饼，最后铁饼从食指末节离手，使铁饼在地上按顺时针方向沿直线向前滚动。

（4）学习和掌握旋转掷铁饼技术

①结合示范（或通过图片等直观教具），讲解旋转掷铁饼技术，使学生建立正确的技术概念，了解旋转掷铁饼技术的要求、方法和要领。

②正面旋转掷铁饼练习。面对投掷方向，两脚前后开立，左脚在前右脚在后，两腿膝关节微屈，体重落于两腿之间。持铁饼臂放松，前后自然摆动，当铁饼摆至体后时，右腿蹬地向前跨出，同时左腿蹬地形成腾空，在空中右腿内扣带动身体转动，然后右脚着地，并保持右膝关节弯曲，随着右脚的转动，左腿划弧经右膝后方落地支撑，形成侧向原地掷铁饼的准备姿势，接着转蹬两腿将铁饼掷出。

做这一练习时，开始可做徒手模仿练习，或投掷较轻的易于控制的辅助器械，如小垒球、短木棍等，然后再持铁饼进行练习。

③侧向旋转掷铁饼练习。身体侧对投掷方向，两脚左右分开比肩稍宽站立。预摆最后一次上体右转铁饼摆至右后方时，两腿膝关节弯曲，随即身体重心移向左腿并进入旋转。当左膝转至投掷方向时，右腿蹬离地面并向投掷圈圆心方向转扣，以脚前掌着地。左腿蹬地腾空后，沿右膝方向划弧后伸，以脚前掌着地，形成侧向原地掷铁饼准备姿势，紧接着做最后用力将铁饼掷出。

做这一练习时，开始可做徒手模仿练习，也可持小木棒、小铁棒、轻铁饼做掷出练习。

④背向旋转掷铁饼练习。开始练习时，在投掷圈外可做些徒手的或持易于控制的投掷物，如木棒、小铁棍等进行完整技术的模仿练习和投掷练习。在初步掌握技术动作的基础上适当增加动作的幅度、速度和力量，最后在投掷圈内做背向旋转掷铁饼练习。练习时应着重掌握背向旋转和背向旋转与最后用力相结合的技术。

（5）改进和提高背向旋转掷铁饼的完整技术

①根据个人情况，选择有效的练习手段，改进有关技术环节的动作，提高背向旋转掷铁饼技术。

②反复进行背向旋转掷铁饼练习，体会技术细节，掌握旋转节奏，增大动作幅度，加快动作速度，提高动作质量，全面改进和提高完整技术。

（二）掷铁饼技术训练

掷铁饼运动员要达到高水平的运动成绩，必须从少年阶段抓起。

要根据青少年特点精讲多练，充分发挥青少年模仿能力强的特点，帮助青少年运动员学习和掌握规范的运动技术。

青少年技术训练应以基本技术训练为主，保持青少年自然合理的动作，着重培养运动员控制铁饼、协调用力投掷和放松能力，形成正确的技术空间结构和快速节奏。

1. 掷铁饼技术训练应遵循的原则

（1）基本技术训练要长年坚持，常抓不懈。

（2）在基础训练阶段，技术训练所占比重不得少于15%。

（3）运动员兴奋性过高或过低时，不宜学习新技术或改进技术。

（4）技术训练优先。在一个训练单元中，应先进行技术训练，然后再进行其他内容的训练。

（5）对有一定训练水平的运动员，必须根据其个人特点抓住技术重点训练，保证训练质量和效果。

（6）对青少年初学者要高度重视基本技术的训练，要求他们严格按照完整技术的结构、速度节奏去做每一个练习。

（7）在基础训练阶段应以投掷轻器械为主，投掷轻器械应快于投掷标准器械时的速度和节奏。一般在技术较稳定时才旋转投掷重器械，否则会破坏技术动作和节奏。

2. 掷铁饼技术训练的主要手段

（1）掌握基本技术的练习

①徒手或持器械做最后用力模仿练习。

②徒手或持器械做进入旋转和旋转模仿练习。

③持铁饼做摆饼、滚饼、抛饼、预摆等熟悉铁饼性能的练习。

④徒手、双人、扶肋木做各种转髋、转体、扩胸、摆腿、旋转练习。

⑤徒手或持轻辅助器械做预摆、原地投、旋转和旋转投的模仿练习。

（2）掌握和改进旋转技术的练习

①徒手或持器械做各种旋转模仿练习。

②原地站立做180°、360°的旋转练习。

③肩负竹竿做旋转练习，体会肩轴与髋轴在旋转中正确的超越关系。

④徒手或持轻器械，以左腿为轴旋转360°，体会以左侧为轴的旋转

动作。

⑤做正面跨步与侧向旋转投掷练习，体会转换与最后用力的连贯、衔接。

⑥做徒手双腿支撑起转模仿练习，体会身体重心的移动和左腿屈膝转动，保持好上体和肩臂的移动路线。

⑦扶栏杆做转髋练习。左手侧扶栏杆，然后向前摆腿转髋和转体360°，右手扶栏杆成最后用力预备姿势。

⑧侧向前进方向站立，右臂预摆后向前进方向手续旋转，后半圈时加快腿和髋的转动速度，形成最后用力前的预备姿势。

（3）掌握和改进旋转和最后用力衔接技术的练习

①做正面旋转向投掷网掷铁饼练习。

②徒手或持辅助器械做正面旋转投掷模仿练习。

③徒手或持辅助器械体会右脚落地至左脚落地的动作。

④利用轻器械做完整技术练习，经常投掷1kg的铁饼或其他轻器械，培养速度感和节奏感。

（4）掌握和改进最后用力技术的练习

①原地投掷实心球、沙袋、小铁球或铁饼的练习。

②徒手原地做最后用力阶段的右腿、右髋转蹬练习。

③坐或站立，单手经体侧向不同方向掷实心球、沙袋、小铁球的练习。

④负重或双人对抗（给上体以适当的阻力）练习，做右腿屈膝转蹬动作。

⑤听信号投掷铁饼练习。背向持饼，听信号后迅速转髋90°，顺势掷饼。

⑥拉橡皮带练习。侧向站立，右手握橡皮带，然后转髋、转体拉紧橡皮带。

⑦鞭打标志物练习。手持橡皮管，快速挥臂鞭打标志物，体会最后用力动作。

⑧右侧对投掷方向，预摆后左腿后撤，屈右膝单腿支撑转动成左侧对投掷方向，不停顿地接双腿支撑用力掷饼。

（5）完整技术练习

①利用投掷网做旋转掷铁饼练习。

②在投掷圈内做旋转掷铁饼练习。

（三）掷铁饼素质训练

掷铁饼运动员的身体训练包括一般身体训练和专项身体训练两个方面。

一般身体训练的目的在于通过多种多样的身体练习，增进运动员的健康，提高运动员各器官系统的机能能力，全面发展运动素质并改善身体形态上的缺陷。

专项身体训练的任务是在训练中采用专门性练习手段以及与提高专项成绩有直接关系的专项练习，来发展运动员有机体各器官和系统的机能能力，提高专项运动素质，创造优异的运动成绩。

一般身体训练是专项身体训练的基础，专项身体训练是运动专项的必需。两者在训练过程中不可分割。

1. 掷铁饼运动员一般身体训练应遵循的原则

（1）一般身体训练的内容和手段的选择

既要全面又要结合专项需要，要突出重点。训练手段与方法要易于掌握和操作，多采用重复和循环训练方法。

（2）在全年和多年训练过程中都要安排一般身体训练的内容

年龄越小，训练水平越低，一般身体训练的比例就越大。一般身体训练对青少年掷铁饼运动员尤为重要。

（3）在较高水平运动员的训练中也要适当地安排一般身体训练内容

要保持高水平的运动成绩，必须不断地巩固身体各器官系统的机能，保证专项运动素质水平的维持和发展。

2. 掷铁饼运动员一般身体训练的主要手段与方法

青少年掷铁饼运动员进行一般身体训练时必须要结合其自身特点，训练内容要多样、全面和具有趣味性，要较多地安排克服自身体重的跑、跳、力量练习以及各种投掷轻器械练习和柔韧性练习、协调性练习、耐力练习等。

（1）快跑

30～100m 各种距离的起跑、加速跑和行进间跑练习。

（2）投掷

前抛、后抛铅球、实心球，侧抛小杠铃片，鞭打小胶球、垒球或投掷小石子等。

（3）跳跃

立定跳远、立定多级跳、跨步跳、交换腿跳、单足跳、蛙跳、纵跳、路栏架练习。

（4）耐力

通过越野跑、追逐游戏和球类活动及增加训练内容或增加重复练习次数的方式提高耐力素质。

（5）力量

各种对抗自身体重的俯卧撑、仰卧起坐、腹背肌练习，肋木悬垂举腿，侧卧和站立挥摆小杠铃片及提举各种轻杠铃、哑铃和壶铃练习。

（6）灵敏性、协调性和柔韧性

各种球类游戏，垫上的各类滚翻和手翻、连续旋转等练习，特别要注意多做肩、腰、髋等关节的灵活性练习。发展柔韧性可采用身体各部位最大限度地伸展和拉引练习，如肩部拉引躯干、肩部及全身的伸展旋转练习，压腿、体前屈、体侧屈、髋部屈伸练、各种高腿、摆腿练习。

3. 掷铁饼运动员专项身体训练的主要手段与方法

（1）掷铁饼运动员专项身体训练应遵循的原则

①选择的专项练习要针对运动员的个人特点和要求，以发展其特长和弥补其不足。

②身体训练所占的比重，应根据运动员的训练水平、训练的不同阶段等因素适当安排。

③确定专项身体练习的内容、负荷、强度和难度时，要充分考虑青少年生长发育的特点；练习的种类和内容要多样化，避免身体局部负担过重和伤害事故的发生。

④选择专项身体训练的手段要尽可能接近掷铁饼技术的基本动作结构。青少年运动员的专项身体训练要紧紧围绕专项技术要求，以发展专项速度和力量为核心，同时注意多种训练内容的合理匹配和协调发展。

（2）专项速度训练

专项速度训练的目的是发展旋转速度和最后用力速度。在提高快速力量水平的基础上，通过旋转和模仿技术练习，发展旋转速度，通过投掷轻器械发展最后用力速度。

①侧向连续快速旋转练习。

②徒手或持器械左右支撑转换移动速度训练。

③各种轻器械的组合抛掷练习，突出快速动作。

④背向旋转投掷轻器械，在保持正确技术的前提下做加快投掷速度的

练习。

（3）专项耐力训练

专项耐力训练要循序渐进，注意专项练习内容的多种组合变化，避免过度训练的发生。

①中等运动量完成各种投掷练习。

②速度和力量性组合练习和循环练习。

③大强度的背向旋转掷铁饼练习。

（4）专项柔韧性和灵敏性练习

出于专项技术的特殊要求，掷铁饼运动员应从小打下坚实的专项柔韧性和灵敏性基础。这是因为发展掷铁饼运动员肩关节、髋关节的柔韧性和灵敏性，可以加大投掷臂与肩轴的拉引角度和肩轴与髋轴的扭转角度，形成最后用力前良好的超越器械动作，从而加大最后用力的工作距离。各种转肩、转髋和摆腿练习方法如下。

①沿直线快速连续旋转练习。

②正面两腿左右交叉转髋走练习。

③负重做转髋、转体拉肩、拉臂练习。

④借助肋木做各种体前屈、体侧屈练习。

⑤徒手或持杠铃片臂绕环练习，以发展肩带专项柔韧性。

⑥肩负杠铃转体练习，以发展躯干专项柔韧性和专项力量。

（5）力量练习

专项力量练习是掷铁饼运动员训练的主要内容之一。科学、系统的力量训练对促进青少年生长发育和提高运动水平，具有重要意义。因此，专项力量训练必须要符合掷铁饼运动的专项技术特点和用力特点。

①专项基础力量类（发展最大力量和最大功率）练习

A. 负重提踵练习。

B. 体前屈屈臂提铃练习。

C. 肩负杠铃深蹲或半蹲起练习。

D. 杠铃快挺、高翻、抓举、卧推练习。

E. 肩负杠铃半蹲跳、分腿跳、多步换腿跳练习。

②专项投掷力量类（发展爆发力量和专项速度）练习

A. 前后抛铅球或杠铃片练习。

B. 跳深、跳栏架、跳台阶等练习。

C. 大强度原地或旋转投掷铁饼练习。

D. 原地或转体抛掷杠铃片、铅球、壶铃等练习。

E. 持重器械、轻器械或小铁球背向旋转投掷练习。

③专项机能力量类（发展最大功率和爆发力量）练习

A. 肩负杠铃坐姿转体练习。

B. 肩负杠铃连续旋转练习。

C. 肩负杠铃半蹲左右转体练习。

D. 肩负杠铃半蹲跳起转髋练习。

E. 持杠铃片连续直臂挥摆练习。

F. 持杠铃片或哑铃做扩胸练习。

G. 肩负杠铃体前屈、左右侧屈练习。

H. 肩负杠铃成最后用力姿势，然后做拧腰和转髋发力练习。

I. 仰卧在长凳上，两手持杠铃片于体侧，做自下而上直臂摆动练习。

（四）掷铁饼赛前训练

赛前训练是运动员训练计划的组成部分，对保证运动员在比赛中创造优异成绩至关重要。

1. 赛前训练的特点

正确组织赛前训练是保证掷铁饼运动员顺利参加比赛，提高运动成绩的重要措施。因此，在比赛前，应安排专门阶段进行赛前训练。

青少年掷铁饼运动员的赛前训练一般为6—8周，优秀选手则需要更长的时间。赛前训练的主要特点如下。

（1）技术训练，尤其是完整技术训练较多。

（2）身体训练的比重小，专项训练比重较大。

（3）训练负荷强度大，负荷量中等或中等偏下。

2. 赛前准备阶段的训练安排

（1）技术训练

①简述

赛前训练阶段的技术训练是非常重要的。完整旋转掷铁饼技术的速度—节奏、用力顺序、全力掷时的稳定程度等，是技术训练中应抓的主要问题。

在这一阶段，当运动员在完整技术出现对整体影响较小的局部问题时，教练员应做一般性的要求和改进，不要因抓细小环节的问题而过多影响主要技术的完成。

在技术训练中，要求运动员完成技术动作要自然、放松和舒展，这对运动员在比赛时充分发挥技术是十分重要的。

②技术训练主要内容

改进投掷铁饼的完整技术，获得合理的速度一节奏结构。完整技术投掷次数约占技术总投掷次数的2/3以上。

优秀运动员在训练课上完整投掷约30~40次，一周达到200次左右。赛前一周，每次技术练习的次数在15次左右。

（2）力量训练

赛前训练阶段的力量训练也是重要内容之一，而且主要力量练习手段的指标都应达到最高水平。

此阶段的力量训练手段应基本保持不变，因为手段的变化会使训练效果难以控制。

（3）合理安排训练负荷

赛前准备阶段，在训练安排上可划分为两个阶段。

前4周（表6-2-1）一般安排较大的训练负荷，以增加运动负荷对人体产生的作用，提高专项能力。

后4周可采取波浪式训练负荷的安排方法，使运动员对负荷所产生的机体疲劳及时得以恢复。

表6-2-1　赛前4周的训练负荷强度

周次	训练负荷
第一周	75%~80%（中负荷强度）
第二周	85%~95%（大负荷强度）
第三周	60%~70%（小负荷强度）
第四周	50%~比赛（小负荷强度）

（五）掷铁饼实训计划

1. 掷铁饼运动员初级专项训练阶段准备期周训练计划示例

我们以星期为准，制订出掷铁饼运动员初级专项训练阶段准备期周训练计划，计划含有任务、手段、时间等，具体内容如表6-2-2所示。

表6-2-2　掷铁饼运动员初级专项训练阶段准备期周训练计划示例

时间	任务	手段	时间/min
周一	1. 改进投掷铁饼技术 2. 发展专项能力 3. 发展速度素质	1. 投掷铁饼 2. 投掷各种重物 3. 各种跑的练习	40~50 30~40 20~30

（续表）

时间	任务	手段	时间/min
周二	1. 全面身体训练 2. 力量素质练习 3. 提高专项柔韧性	1. 游戏 2. 绝对力量练习 3. 各种伸展练习	40~50 40~60 20
周三	1. 改进投掷技术 2. 发展协调能力	1. 掷铁饼 2. 专项协调性练习	40~50 20
周四	1. 改进投掷技术 2. 发展协调能力	1. 投掷各种重物练习 2. 专项力量练习	40~60 20~30
周五	1. 改进技术 2. 发展弹跳能力	1. 技术模仿练习 2. 各种跳跃练习	60~70 15~20
周六	1. 发展快速力量素质 2. 发展耐力素质	1. 轻器械快速练习 2. 越野跑	
周日	休息		

2. 掷铁饼运动员初级专项训练阶段比赛期周训练计划示例

同上，我们制订出掷铁饼运动员初级专项训练阶段比赛期周训练计划示例，如表 6-2-3 所示。

表 6-2-3 掷铁饼运动员初级专项训练阶段比赛期周训练计划示例

时间	任务	手段	时间/min
周一	1. 完善掷铁饼技术 2. 发展速度素质 3. 提高灵敏性、协调性	1. 掷铁饼 2. 各种跑的练习 3. 徒手或持器械体操	50~60 15~20 15
周二	1. 改进掷铁饼技术 2. 发展专项能力	1. 掷铁饼 2. 投掷不同重量的重物	40~50 40~60 20
周三	休息		
周四	1. 提高掷铁饼技术 2. 发展弹跳能力	1. 掷铁饼模仿练习 2. 各种跳跃练习	40~60 15

（续表）

时间	任务	手段	时间/min
周五	比赛		
周六	1. 比赛小结 2. 改进掷铁饼技术 3. 发挥力量素质 4. 提高柔韧性	1. 总结会 2. 掷铁饼 3. 杠铃练习 4. 伸展练习	40-50 40-60 30
周日	休息		

二、掷链球教学与训练

（一）掷链球技术教学

1. 教材分析

（1）掷链球技术简述

掷链球是技术较复杂的一项田径运动项目，需要学生具有良好而全面的身体素质、顽强的意志品质和吃苦耐劳的精神。

（2）掷链球技术教学的重、难点

①掷链球技术教学的重点

如何使技术模仿练习和持球旋转技术练习结合起来。

②掷链球技术教学的难点

A．转换技术结合是否合理性。

B．掌握和提高多圈旋转技术、旋转练习向完整技术练习转换的时机和转换是否合理。

②如何应对掷链球技术教学的重、难点

在掷链球技术教学中，教师应抓住教学的重点和难点，采取科学、合理、有效的方法和手段进行教学。

具体而言，应注意做到以下几点。

A．改进技术与提高身体素质相结合。

B．模仿练习与掷链球完整技术相结合。

C．掌握与提高多圈旋转的节奏和能力。

2. 掷链球的教学程序与方法

学习掷链球技术时，要遵循从易到难的原则，注意分解技术与完整技术教学的搭配，课与课、阶段与阶段的衔接，及时抓住正反典型进行肯定和纠正。教师的示范动作要准确，可利用直观教学方法，使学生的感性认识更加深刻。

（1）初步了解掷链球的完整技术

①内容

A. 简要介绍掷链球场地、器材规格和比赛规则。

B. 通过观看掷链球的技术电影、录像、图片以及示范结合直观实例，简要讲解掷链球技术。

②教法提示

A. 精讲主要技术环节和难点。

B. 加强安全教育，提出具体措施。

C. 培养学生学习掷链球技术的信心和兴趣。

（2）学习握法和预摆技术

①内容

A. 两脚分立同肩宽，做左右前后移动髋部练习。

B. 两脚分立同肩宽，结合双臂在肩上和头上绕躯干摆动，做移动髋部练习。

C. 手持木棒或带球进行预摆练习。

D. 学习握法并持轻球或标准链球进行预摆练习。

②教法提示

A. 在学习预摆技术时，由徒手练习过渡到持器械练习。所持器械应从固定的到短的、轻的再逐渐到较重的顺序进行。

B. 在预摆动作中要保持躯干正直，两腿自然弯曲，双臂放松，髋部和双腿做与链球摆动方向相反的对抗补偿运动。

C. 预摆的用力方法，应该是球由左侧高点沿弧线下行至身体的右侧施力于链球，使球获得加速度；球由低点上升时动作应尽量放开，保持身体平衡，使链球能够匀加速前进。

（3）学习原地掷链球的技术

①内容

A. 徒手模仿做最后用力的练习。

B. 用实心球、哑铃或木棒做最后用力的练习。

C. 原地摆链球，做 1~2 次预摆后将链球抛出。

D. 原地投短链球或轻链球，做 1~2 次预摆后将链球掷出。

②教学法提示

A. 做最后用力练习时要注意动作的正确顺序。

B. 最后用力的学习任务放在旋转任务的前面，能使旋转和最后用力形成自然的衔接。

C. 最后用力的练习要注意出手的方向、高度、角度、加速度以及上下肢的协调用力。

（4）学习旋转和旋转投掷链球的技术

①内容

A. 徒手旋转练习。

B. 徒手旋转 2 圈、3 圈、4 圈和多圈的练习。

C. 持短链球、轻链球旋转 1 圈、2 圈、3 圈、4 圈和多圈的练习。

D. 持木棒、带球或网袋球旋转 1 圈、2 圈、3 圈、4 圈和多圈的练习。

E. 持标准球旋转练习。

②教法提示

A. 在旋转和旋转掷链球技术中，应保持上体正直，双臂伸直，两腿弯曲，髋部挺出，左脚跟与左脚掌在旋转中形成自然衔接，保持左脚的直线旋转。右脚离地要迅速落地，位置要准确，同时在每圈旋转中要有明显的超越和加速。

B. 以移动身体重心对抗离心力、加长旋转半径和加快链球运行的方法进行旋转。

C. 在旋转中保持以左脚为支撑点的稳定、垂直的旋转轴，保持人与链球融为一体旋转。

D. 旋转与旋转的衔接要连贯，旋转与最后用力要连贯，形成动作整体性，使旋转有明显的加速节奏。

E. 保持头部自然位置，防止头部过分转动。在旋转中注意定向，对方向、方位、器械和空间有良好的感觉。

（5）第一圈旋转

①内容

A. 徒手旋转第一圈练习。

B. 右手持木棒或链球向左前方引摆，人随链球或木棒做旋转一圈的练习。

C. 双手持木棒或链球向左前方引摆，人随链球或木棒做旋转一圈的练习。

②教法提示

A. 器械平衡。

B. 两臂放开。

C. 躯干挺直。

D. 髋部挺出。

E. 人随球转。

F. 左脚要快起动，快落地。

(6) 改进和提高掷链球的完整技术

①内容

A. 在圈内或圈外预摆两周，做旋转 3 圈或 4 圈掷链球练习。

B. 用不同重量和不同长度的链球预摆两周，做旋转 3 圈或 4 圈的掷链球练习。

②教法提示

A. 完整技术训练应尽量在护网和投掷圈内进行。

B. 在完整技术的练习中，严格要求技术动作的准确性。

C. 在完整技术练习中，教师要及时指出和纠正错误动作。

D. 评定技术前，应提出评定的内容和标准，并预先通知学生。

(二) 掷链球技术训练

现代掷链球已由力量型转为速度力量型，要求掷链球运动员必须具有很强的加速能力、控制快速旋转所产生的离心力的能力和维持身体平衡的能力。

1. 技术训练的主要任务

(1) 掌握新的掷链球技术。

(2) 发展专门快速力量素质。

(3) 复习与巩固已经掌握的掷链球技术动作。

2. 技术训练的原则

(1) 长期性原则

不间断地进行投掷练习，才能不断强化已掌握的技术动作。

(2) 技术训练优先

在一个训练单元中，应先进行技术训练，然后才进行其他内容的训练。

(3) 追求正确率

在技术训练中，错误动作每多出现一次，错误动作就会被强化一次，一旦错误动作被巩固，就很难改正。

（4）适宜兴奋性

运动员兴奋性过高或过低时，不宜进行新技术学习或改进技术，否则效果将适得其反。

3. 掷链球技术训练的主要手段

（1）分解和完整技术的模仿练习。

（2）用加力帮助的形式强化运动员的投掷感觉。

（3）观看、分析以及比较优秀运动员和运动员自己的投掷技术录像。

（4）学习专项技术理论。掌握专项知识越多，就越容易理解投掷技术的内涵。

（5）念动训练。头脑中经常回想正确投掷技术过程，有助于技术动作的掌握和巩固。

（6）专项诱导练习。专项诱导练习手段的设计都出自掷链球技术动作的某一单个基本动作。从动作结构上看，它与基本动作几乎相同。

4. 链球技术训练的实施

（1）技术训练在整个掷链球训练过程中的地位不同年龄、不同运动水平的运动员，在整个训练过程的不同时期掷链球技术的训练，占有的比重也不同（表 6-2-4）。

表 6-2-4　不同年龄阶段技术训练所占的比重

阶段	基础训练阶段	初级专项训练阶段	专项提高及高级专项训练前期	高级专项训练阶段后期
年龄	13~15 岁	16~17 岁	18~24 岁	25 岁后
比重	15%~20%	20%~30%	30%~40%	25%~35%

（2）技术训练的负荷与安排

投掷强度的大小是和训练任务相关联的。

当训练任务是要改进技术或学习新技术时，在学习和技术模仿阶段，一般采用小强度。

进入掷链球技术改进阶段后，以中等强度较为合适。

当投掷任务是要发展投掷专项能力或进行赛前适应训练时，应加大投掷强度。

（三）掷链球素质训练

掷链球运动员的素质训练可包括三大类，即一般素质训练、心理素质训练和专项素质训练。

1. 一般素质训练

根据掷链球运动员掌握先进技术及达到高水平运动成绩的需要，把运动素质分成速度、力量、耐力、柔韧性、协调性等。

（1）速度训练

速度是决定掷链球成绩的关键。

在练习时，一是看形成完整技术结构的速度，二是看部分技术的动作速度。

（2）力量训练

力量素质是一般素质的重要组成部分。

掷链球运动员的力量十分重要，特别是下肢的支撑力量和腰部及扭转躯干的大肌肉群的力量以及直臂抛掷的肩末节力量。

发展不同类型力量的具体手段如下。

①以发展快速力量为主的练习手段

A. 轻杠铃练习。

B. 轻重器械的投掷技术练习。

②以发展爆发力为主的练习手段

A. 跳高。

B. 负重跳。

C. 立定跳远。

D. 专项技能器械。

③以发展启动力量为主的练习手段

A. 跳跃

B. 加速跑

C. 阻力跑

D. 负重跑

E. 各种重量的器械投掷。

④以发展一般力量为主的练习手段

A. 抓举。

B. 卧推。

C. 高提。

D. 高翻。

E. 全蹲。

F. 半蹲

同时我们要清楚：力量训练的关键在于使获得的基本力量及时地转化为专项能力。这需要一般练习与专项技能练习，专项技能与小力量练习以及轻、重器械多种技能的方法的配合。

（3）耐力训练

掷链球运动员的耐力也是非常重要的。一般耐力如长时间的慢跑、球类活动等，有助于提高内脏器官的功能，有利于做较多次数的投掷，以及在大强度的投球之后不气喘。

掷链球运动员应重视耐力训练，1~2 周应安排一次不少于 2000m 的慢跑，而且在跑的时间上也要有适当的要求。

（4）柔韧性、协调性训练

掷链球运动员柔韧性训练的重点是肩关节、肘关节和腰部的转体幅度。

通常，掷链球运动员的柔韧性练习大部分是在力量练习中进行的，如双手持杠铃片做抡摆练习、抱重物左右转体等。

2. 心理素质训练

掷链球的训练，除培养运动员热爱自己从事的专项之外，还要进行大量枯燥的力量训练。这就要求运动员具有自觉克服困难的毅力和吃大苦耐大劳的高尚品质。

因此，一个优秀的掷链球运动员，除了要有良好的技术和身体素质外，还必须具备良好的心理素质，如能够自我暗示、自我平衡，在困难复杂情况下也能正常发挥技术，等等。这些心理素质必须在训练中才能形成，都要在平常的训练中有目的地进行培养。

3. 专项素质训练

专项素质主要通过专门投掷练习来提高。

常用的投掷器材有重 3kg、4kg、5kg，6kg、8kg、10kg 的链球，及不同长度链子的链球。

在训练安排上主要用两翼带中间的办法，如要提高掷 7kg 球的水平，则用掷 6kg 球发展速度，用掷 8kg 球提高力量。可安排先掷 7kg 球，然后掷 6kg 球，最后掷重球。

控制动作的能力是掷链球运动员很重要的一种专项素质，要重视这一能力的培养。同时它主要通过技术复杂的练习和专门投掷能力来培养。

（四）掷链球赛前训练

适度地参加比赛有利于运动员积累比赛经验，系统地参加比赛主要是保证运动员在重大比赛中出好成绩。为了取得好成绩，赛前训练十分重要。

1. 赛前训练的主要任务

第一阶段的任务是进一步提高以负荷量为主的训练负荷，为获得较大的超量恢复，形成较高的竞技状态打下基础。第二阶段的任务是提高竞技能力，在最佳竞技状态下参加比赛。

2. 赛前训练内容和负荷安排

第一阶段主要是发展运动员的专项素质和专项能力，熟练专项技术。负荷强度有所控制，着重加大负荷量，训练比较艰苦。

第二阶段主要通过适当调整后，疲劳的机体得到超量恢复。

在这期间，特别是赛前两周的训练内容更加专项化，采用的练习更加接近专项的运动形式，练习的组织形式更加接近专项比赛特点。在运动素质上，一般素质练习比例大大减少，专项素质比例增加，强度加大，专项技术练习加强。

3. 赛前训练阶段时间的确定

赛前训练安排大约为10~12周，一般分为两个阶段。

第一阶段是加强训练阶段，时间约为6~8周。

第二阶段是提高竞技状态阶段，时间为赛前4周左右。

4. 赛前比赛周训练的安排

比赛周的训练安排，应根据运动员个体差异区别对待。同时，必须防止运动员过早和过分的兴奋。

（五）掷链球实训计划

1. 月（中周期）训练计划

为了方便，制订月训练计划一般均以4个星期为一个中周期，可选择对1~2项运动素质或技术要点进行突击训练。

其具体的训练计划如下。

（1）第一周

运动员处在调动机能的状态，训练强度和量都能有一定的提高。

（2）第二周

一般仍能保持或比第一周略有下降。

（3）第三周

由于运动员出现超量恢复，训练水平可不断提高。

（4）第四周

达到高水平。

2. 周训练（小周期）计划实例

（1）初级运动员周期训练计划

每周 3 次训练。

①周一

A. 投轻球 10 次。

B. 加速跑 4×50m。

C. 立定跳远 15 次。

D. 准备活动 30min。

E. 球类活动 15min。

F. 持链球做模仿练习 20min。

G. 用各种方法投实心球 20 次。

H. 持 4kg 链球做模仿练习 20min。

②周三

A. 准备活动 30min。

B. 球类活动 20min。

C. 投比赛用球 15 次。

D. 持链球做模仿练习 20min。

E. 手持哑铃蹲跳（总重量为 1000kg）。

F. 持链球做模仿练习 15min。

G. 用各种方法投实心球 20 次。

③周五

A. 准备活动 30min。

B. 立定跳远 15 次。

C. 加速跑到 50m×3。

D. 投 5kg 链球 15 次。

E. 直体抓举 1000kg。

F. 肩负杠铃下蹲 1500kg。

G. 持链球做模仿练习 30min。

(2) 运动健将级运动员的周训练计划

每周训练 6 次。

①周一、三、五

A. 准备活动 10min。

B. 转体 1000kg。

C. 背肌练习 1000kg。

D. 投标准球 15 次。

E. 投 6kg 球 10 次。

F. 立定跳远 15 次。

G. 投 8kg 链球 10 次。

H. 体前持杠铃半蹲 2000kg。

②周二、四、六

A. 准备活动 15min。

B. 球类活动 20min。

C. 肩负杠铃蹲跳 2000kg。

D. 各种方法投铅球 30 次。

E. 肩负杠铃体前屈 1500kg。

F. 躯干肌肉的力量训练 1500kg。

G. 旋转一周技链长 60cm、12kg 的链球 30 次。

第七章　田径运动教学评价及可持续发展研究

田径运动教学评价及可持续发展研究是田径运动训练与教学的多方位研究的一个重要部分。

本章将主要对田径运动教学评价的内容、田径运动教学评价方法，我国田径运动可持续发展影响因素分析、我国田径运动可持续发展总体思路与措施进行阐述，具体内容如下。

第一节　田径运动教学评价分析

一、田径运动教学评价的内容

（一）体能评价

（1）鉴于学生在体能、爱好、特长等方面的差异，体能评价应设置不同的标准和评价方法。

（2）要让学生自主选择体能测定的项目，评价时，可根据《学生体质健康测试标准》，结合学生的实际基础和进步情况做出综合评价。

（二）精神品质评价

该评价内容可分为情意表现和合作精神。

（1）情意表现的主要内容如下。

①能否自信、乐观地进行田径运动。

②能否通过田径运动调节自己的情绪。

③能否直面困难、挑战自我、战胜困难。

④能否在田径运动中做到坚持不懈、不屈不挠。

（2）合作精神的主要表现如下。

①是否遵守规则、尊敬师长。

②是否具有良好的社会适应能力。

③是否具有理解、尊重他人的意识。

④是否在小组学习时主动承担责任，具有集体荣誉感。

⑤是否在田径运动教学过程中表现出良好的人际交往能力。

⑥是否在校内外的体育活动中主动履行自己的权利和义务。

（三）学习态度评价

学生的学习态度主要体现在以下几点。

（1）课堂表现。

（2）课堂出勤率。

（3）课后作业的完成情况。

（4）课外运用田径运动知识技能参加各种活动的情况。

（四）健康行为评价

为了实践“健康第一”的教育准则，使学生更好地掌握健康知识，提高健康意识，养成健康积极的生活方式，应把健康行为列入田径运动教学考核内容之中。

其评价内容应包括以下几点。

（1）是否具备运动相关的保健知识。

（2）是否有吸烟、酗酒等不良习惯。

（3）是否遵守健康合理的作息制度。

（4）平时是否注意个人卫生并维护公共卫生。

（五）田径运动知识技能评价

田径运动知识技能的评价内容应包括以下几点。

（1）对田径运动的认识情况。

（2）对专项技能的掌握和运用等。

（3）对田径运动理论知识的掌握和运用。

（4）具体评价细节应根据具体课程内容而定。

（六）教学能力评价

田径教学能力主要包括三个方面，它们分别是教学设计能力、教学实施能力、教学评价能力。

1. 田径教学设计能力

(1) 理论研究能力。
(2) 设计教案能力。
(3) 运用教材能力。
(4) 确定教学目标能力。
(5) 制定教学文件能力。
(6) 了解学生情况能力。

2. 田径教学实施能力

(1) 讲解演示能力。
(2) 现代化教学能力。
(3) 思想道德教育能力。
(4) 安排教学步骤能力。
(5) 布置场地器材能力。
(6) 课堂组织和应变能力。
(7) 竞赛组织与裁判能力。

3. 田径教学评价能力

(1) 技术动作评价能力。
(2) 学生表现评价能力。
(3) 教学效果评价能力。

二、田径运动教学评价的方法

(一) 运动生物力学技术分析法

该评价方法主要使用各种设备测量运动技术的生物力学特征，然后结合运动解剖学，对测量结果进行分析和评价。

其指标主要涵盖以下几个方面。

(1) 整个动作。
(2) 身体姿势。
(3) 动作幅度。
(4) 完成动作时用的力。
(5) 各阶段的时间、速度。

（二）专家评价法

专家评价法是田径教学考评中最常用的方法，即让各项目经验丰富的教师进行定量评价的方法。

一般在田径教学技术评价中选取3名专家同时评分，取中间分为最终得分；或者是取3名专家的平均分。这种方法既能保证结果的客观性，又便于操作管理。

（三）学习态度与情意表现评价法

目前，各课程的评价越来越重视学生学习态度和情意表现。

该评价方法主要是根据一定标准，对学生在田径运动学习过程中表现出来的学习态度、思想品质、个性等方面进行评价。

第二节　田径运动的可持续发展研究

一、我国田径运动可持续发展影响因素分析

（一）社会因素

1．管理体制因素

（1）管理体制的实质

管理体制从本质而言，是社会系统的一个基本的结构。以此为基本我们提出，竞技体育管理体制即为竞技体育这种社会文化系统的基本结构。

（2）中国现行管理体制分析

中华人民共和国成立以来，我们国家的竞技体育可以说取得了相当不错的成绩，伴随与此，我们国家的竞技田径运动实力也在一直向前进步，现有成绩的取得脱离不了与之相对应的竞技体育体制。

中国竞技体育体制，从特征方面看主要有两个为大家所熟悉，具体如下。

①举国体制

举国体制，即一种以执行国家和政府所赋予的特定任务，体现国家意志为特征的竞技体育体制。通常情况下我们认为，它是特定历史条件下的

产物。

1952年2月，由于想要快速地构筑一支可以应国家意志号召而组建起来的高水平运动队伍，中共中央组织部和团中央一起发出《选拔各项运动选手集中培养的通知》，这个通知里面最主要的内容是："中共中央已批准在首都创办体育学院，集中全国各项体育活动最优秀的选手加以培养"。其即为在革命战争里面造就而出的"战斗队"模式，这也是我们国家举国体制的雏形。

1959年，各省在体委带领下一个接一个构筑与健全"体育工作大队"，在这样的情况下"国家集训队"也慢慢地变成了常设单位。

1965年，经过全国体育工作会议之后，国家和省设两级优秀运动队被证实要进行构筑。到这个时候，中国的专业竞技体育体制"举国体制"就正式确立了。

在20世纪50年代、60年代前期、80年代和90年代，中国的竞技田径运动差不多可以说是在一个基本空白的基础上发展起来的。这是一个十分惊人的成绩，假若缺乏"举国体制"，要实现这一成绩可以说是根本不可能的。

可是在历史与政治经济相关环境变化的大背景之下，该体育体制的弊端也慢慢地显露，暴露出该体制在崭新的时代条件与现实下的约束性。

其一，高度行政化的专业竞技体育模式与体制适应不了改革开放之后社会化发展的中国国情。

其二，因为体育体制还是在一个比较闭塞和自主的模式里面运行，往往会造成以行政区划为单位、利益主体单一、没有自我调节机制与活力等情况。

该体制即便是在某些程度上能够体现出"举国体制"与"行政主体"的强效，但伴着内部矛盾的激化等，也非常容易约束中国竞技体育的进步。

②全运会体制

首先，中国体育竞赛体制有一个非常大的特色，简单来说即为全运会，这在世界别的国家都没有，世界上其他国家更爱好举办各式各样的锦标赛与各种项目的选拔赛等。

其次，比赛想要达到的目的其实在各国都是一样的，基本都是为促进竞技体育发展，使后备人才成长，为加入世界大赛练兵选将。可是中国的"全运会"不是这样，其本意是要让其变成调动地方发展竞技体育的有效渠道。

最后，改革开放之后，各省市对全运会的相关成绩（如名次等）给予特别认真的对待，地方和国家彼此之间利益的冲突第一次被人们所知，奥运会与全运会代表着不一样的利益格局，彼此的冲突第一次被人们所知。该冲突的进一步演化在田径内容上更是显而易见。

在这种情况下，必须对赛事进行改革，强化奥运意识，使全运意识服务于奥运意识，只有这样才可以从根本上处理“全运效应”给中国田径运动一直向前进步带来的限制性问题。

总的来看，虽然国家专业体育体制在过去对促进我们国家当代体育的发展发挥了重要作用，但是随着环境的改变，该体育体制慢慢变成了制约中国竞技田径运动进步的阻绊。

2. 政治环境因素

（1）中国竞技体育的本质

众所周知，“为国争光”是中国竞技体育一个非常明显的本质特征。体育界长时间所表示而出的“国内练兵，一致对外”即为这么一种国家意志的反映。

（2）中国竞技田径运动的各样式特征

①本质功能或本质任务是政治性的为国争光

我们常说的“为国争光”，即为经运动健儿在全球赛事里获胜、破纪录，在国内外人们的思想上生出一种对中华民族和中华人民共和国佩服的情感。

该情感通常会以两种不同的形态展现出来，其一，相对来说比较自然的钦佩之情；其二，带政治情感的仰慕。

②国家政府的直接管理

因为运动队伍不单单是用来进行体育比赛的，还有对外配合外交活动的缘故，变成了一支和国家政治任务联系很紧密的具有很明显政治含义的队伍。

这就需要该队伍除了要有非常高的思想政治方面的觉悟，还需要有以下素质。

A. 对我们欣欣发展的社会主义国家相当热爱。

B. 具备集体主义与不计回报的品质。

C. 具备非常严谨的组织、纪律。

D. 要全心全意为人民服务。

E. 听党的话，接受组织安排。

③国家供养

因为竞技政治功能的缘故，其本来涵盖的经济作用就淡化了，经济上全靠国家拨款来支撑。

④具备相对完备的业务构造

因为竞技体育的世界水平随着日期向前增进的缘故，合理的训练需要也愈发高，慢慢地变成一项具有社会性的工程。

在这样的情况下，基本上是由竞技体育里面选拔出来的教练员、运动员组成的、多层次多元的组织结构被造就，一个相对完备的竞技运动职业体系也已被建成，一个能够被国家体育行政部门操持的职业群体被组好。

⑤产生了系统的竞技观念体系

首先，各种宣传媒体显而易见地在进行奥运类赛事的相关宣传工作，即在努力地给世人输入竞技体育的相关意识。

其次，在体育科研里面，不仅仅是从选题方面，还从相应系列的经费等处把握和操持着竞技类课题的研究。

同时，在体育教学里面，除了大量竞技类体育教材、课程的出现和扩大，还从基础的大学学科设置方面对竞技体育进行普及。

最后，在相关的学术科技性刊物（如运动协会学报、体育学院学报等）中，提出要对竞技体育相关的言论予以支持等，再加上长时间的奋斗，差不多已让学科相对完备的竞技学术体系得以构建而成，含有了从初级到高级知识人才的智囊结构也被搭设好。经由该系统的不断扩散，在社会方面使“竞技即为体育”的意识深入人心，把提升人民体质的体育本质作用放到了非常不起眼的角落，让我们国家的体育主体错位。

⑥金牌成了体育标准

这一竞技显而易见的后果是出现了以下几种现象：以奖牌论英雄第一次被人们所熟悉，造成体育工作以金牌为上，国家在奥运争金牌，那么地方就会在全国运动会争金牌，而取得金牌数量的多少、比赛到底是赢了还是输了变成了各家新闻媒体宣传语中社会大众在意的一个点。

经由以上简单分析，可以说，我们国家的竞技体育是一个在拼搏和计划经济的历史条件下向前发展且不断进步的一种政治性的事业，是以为国家争光为本质目标的、依靠国家组织管理和支撑的一项相对来说比较特殊的事业。它和党跟政府所具有相关的政治任务连接在一起，并且为其服务，成其为一支特殊的政治队伍。

所以，在改革开放之前，中国处于一个相对封闭的环境下，而竞技体育活动便成了对外交流的一条途径，也是外国了解中国的不可或缺的点，含有那么一些不可或缺的政治性要义，有显而易见的政治色彩。改革开放之后，中国迅速壮大，国际地位也出现了不小上升，竞技活动本身所具备的对外交际作用跟以前比的话就显得微不足道，竞技活动在我们国家政治格局里面的作用有了本质的改变。竞技体育与市场经济不断碰撞，造成教练员、运动员开始关注本人利益，长久以来的管理模式已经变成了中国田径运动发展的障碍。

3. 经济投入因素

从经济方面来说的话，我们的国家政府有一定的实力与水平，把金钱、材料等生产要素集中起来构筑一支国家专业竞技体育队伍。

我们国家竞技田径体育没发展，那个时候经济水平不高，整体运动水平不高的情况下，举国体制在很短的时间里面取得的成就可以说非常具有代表性，也被世界上很多国家所赞扬。

到了20世纪90年代后，由于我们国家迈入市场经济后在经费来源上没有以前那么广泛，突然失去了很多“经济来源”，一下子过去那种经由竞技体育反映国家意志的初衷等慢慢也就消失了。

同时，一天比一天“肥胖”的体育行政组织与运动队训练所需要的预算等也让政府肩上的担子变得不轻。

另外，改革开放到现在政府职能的更新也需要体育机制进行相应的改革与更新，政府资金来源的途径缺失，将最终让专业体育形式被其他形式所代替。

不过，近20年来，我们国家的改革开放与计划经济向市场经济更新的一系列变化，已从本质上撼动了先前的专业体育的基本所在。

所以，在改革开放与实行社会主义市场经济历史大前提下，我们国家的田径专业竞技体育形式里面的经济投入因素对中国田径运动的发展已有一定约束，改革和更新是一定要进行下去的。

（二）训练类因素

1. 训练体制因素

田径运动训练，是让运动员可以成长的工作的基本构成内容，是有针对性、有想法、有目的多年展开的一个专门教育过程，其希望可以通过采用不太一样的相关方面的身体练习，使运动员得以向前进步和完善，争取有机会得到最高水平的运动成绩，可以打破相关素质和技能方面的约束。

我国田径运动员的成长基本上是精挑细选选拔上来的。

其最大特征是层层衔接的训练网：通常情况下国家级与省级集训队是和重点业余体校、体育中学相挂钩的，而它们之下又以广大基层运动队、普通业余体校为基本所在。

从近几年田径训练的向前进步情况看，我们国家的选拔体制出现了部分的改变，高校高水平运动队也第一次出现并逐渐被人们所知，行业协作和产业体协队等也出现在历史舞台上，并被人们知晓。

2. 科技水平及科技成果应用因素

现在我们所处在的社会是一个信息社会。除此之外，科学体育的观念也逐渐被各国体育组织所认可并发扬。在体育信息中，又由于知识经济近临和科技方面的迅速向前进步给体育注入了以前一直也都没有过的活力，同时打开前进的视野、确定向前的方向、拓宽前方的道路。

由于科技进步最基本上的反映形式即为上述信息化的缘故。在该时代里，科学训练对人们体质的增进，对运动员方面竞技技能的开发，都向更深方面与多学科进步。

训练实力的增进，与科学技术在很大范围上的应用与流动脱离不开干系。为了提升训练水平，要一直对研究科学训练理论进行相应开发、对手法与设备的利用普及，让训练不单单是体力、智力投入的循环练习与经验方面的沉淀，而是同科技紧紧联结在一起造就的生产力。

世界各国在教学、训练等中正在很大范围地利用着信息技术，体育信息工作一方面离不开高新技术与理论（缺了它们不能继续进行分析工作），另一方面是一项经非常有效果的组织更进一步为体育运动提供具体服务的事业与工作。站在我们国家的角度来说，社会主义市场经济条件的改变让体育信息工作的社会化与现代化一步一步地向前进步的情况变得好一点了，现代信息技术正在对体育运动产生不可或缺的促进作用。

20世纪90年代出现的我们比较熟悉的所谓“信息高速公路”，已在全球各国很快地向前发展起来，对体育领域持续有着深远的作用。体育信息的内容等方面都出现了不少变化。尤其是新技术革命让计算机的应用可以说非常“细致”地将触手摸碰到体育运动的各个角落，并与优秀的竞技技术很好地连接到一起，从奥运会的管理与把控到运动训练、战术手法的进行、训练量的适宜制订、训练疲劳度的诊断等全部都能使用先进的计算机技术来知晓选手的具体状况，并以选手的具体状况为基础对训练展开适宜的监控，适宜对技术动作予以更新和改进，使得训练效果也有增进的空间，让运动训练有效果有作用。

由此可知，在新技术应用的基础之上，电子计算机技术也一步一步慢慢地被人们所熟知，体育本来的景象马上就会有大的变化。在这样的情况下我们必须得很好地熟悉新的变革并适应它，只有这样才能让体育运动的向前进步跟上时代向前进步的脚步。

（1）现在全球各国都在体育教学里面在很大范围上运用了现代信息技术，如凭借计算机辅助手法编排课表，构筑教学方法整体评价体系等，该类全可以对体育的不一样的课程组织教学手法与教学效果展开监控、评价等，非常增进相关方面的工作效益。

（2）在运动训练里面也在很大范围上依凭了可以增进训练效果的电化教具，它能够基本没有错误地测出运动练习里面的旋转力与速度，甚至能够将任意一个动作的能量[①]给很快地计算出来，效率非常高。

（3）在科研里面各国学者都十分认真地对待计算机在体育研究里面的运用，一方面是人们常会依凭技术诊断，另一方面是在很大范围上运用了依照选手的机能具体情况诊断来对运动成绩进行预测并对运动员出现损伤之后该怎么做的措施有一个较为合理的方案。经由对在试验室里面得出的诊断计算出选手机体的潜力，并将之录入到非常庞大的信息数据库里，可以依凭这一信息对在试验室里面诊断选手机体潜力的不一样问题进行相应的处理，如下述内容。

①将不一样的数据方面分类之后产生的结果尽最大努力给自动化。

②努力将每一训练阶段的不一样的变化指标熟记于心并参考利用。

③构筑可以对选手个人能力进行整体分析的相关方面的信息系统。

④将选手训练过程的不同要点的数据进行一定的结构化，结构化之后予以保存供以后使用。

⑤构筑选手成绩目录卡片档，其基本的涵盖内容要包括比赛与训练活动中所有产生的有效数据。

⑥将选手参与科学研究的次数给全部计算出来。

以此为基础我们认为，很明显就能看出在选手训练里面可适宜地运用相对不一样的信息系统（可以体现运动训练过程的）。

不过，科技的参与也一定得尽量考虑人体的承受能力，不可以不要人的健康，不可以以此为代价去希望获得最好的运动成绩。好比经济、社会的向前进步，需要凭借科技的发展，而不是以对环境进行毁坏、对可再生资源进行滥加利用为代价那样。同时，还有部分刚开始是以科学面目被人们所知实际上却为反科学的手法，对田径运动的健康向前进步有非常大的不好影响，如兴奋剂的滥用，对田径运动的向前进步和人体健康的危害都不可小觑，其也完全与可持续健康向前发展的理论背道而驰。

新中国成立之后，基本上可以说，最先一批接近与实现全球水平（在

① 如美国人制订花样滑冰运动员训练计划和日本人利用监测仪来观察体操运动员空翻时的速度与技术，然后设计出新的高难动作并在训练中使动作形象化。

1953—1965 年这几年的时间里，共有 11 项 18 人迈进全球前 10 名的大门）的运动，都与苏联、东欧的彼此的联络脱离不开，如田径中的女子跳高、男子短跑等。主要体现在以下两个方面。

一方面，优秀的训练理论与方法的传入。

中华人民共和国刚成立的时候，选手的训练水平与全球水平至少有二三十年的距离。可是从第二次世界大战束到 20 世纪 60 年代，苏联方面提出了选手全面身体训练、专项身体训练、运动技术训练等彼此的联系，阐述了从少年开始的很多方面的优秀的理论手段（如多年系统训练、周期训练、科学选材等）为我们国家的运动水平上升提供了非常大的帮助。

另一方面，新中国田径科教领域骨干的培养。

过去我们国家在体育科学实验与研究方面差不多是一张“白纸”，什么都是空的，理论没有理论，实践没有实践，田径体育老师也是少得可怜。直到 1954 年初在北京体育学院创设了第一个研究生班，并且这个研究生班有一定的特殊之处，就是这个研究生班的老师不是中国人，而是一位苏联专家，他亲自指导当时田径专业的数名研究生并使这些研究生合格毕业，里面不少人与第一批由苏联留学回国的田径方面的留学生一起变成了我们国家田径界教学、训练、科研的专家和核心知识分子，为我们国家田径运动科学技术的向前进步起到了很大作用。

一个国家要构筑现代体育运动体系，一定得学习研究全球体育的优秀理论与经验。不过，这并非指将国外的理论与经验直接移过来就开始使用。必须得一直与全球有连接与交流，才可以让视野不局限，才可以一直吸收、消化优秀的成果，使自己的知识结构，多姿多彩，并一直走在全球科研的前列。

（三）人员类因素

1. 后备力量因素

通常情况下我们认为，我们常说的竞技体育人才资源包括以下几类，它们分别是选手、教练员与管理人员。其中，选手是最不可或缺的人才资源。

青少年业余田径训练是让竞技田径方面新兴人才成长的主要方式。

（1）中国青少年田径业余训练的现状

①“一条龙”制度让青少年运动员的成长方面出现一定脱节

第一个是少年体校，其次是运动学校，接着是重点中学、体工队，仔细说来这就是我国多年构筑起来的让杰出选手成长的“一条龙”成长体系，是在我们国家管理体制与选手成长规律的基础上产生出的非常有作用的一个运动员成长体制，是我们让高水平选手获得成长的本质体现。

但因为在衔接上有不少干扰因素的缘故，尤其是不少单位利益的相关驱动，让各自在想要让选手获得成长衔接上都出现不少差错，如业余训练时期一味希望可以有最好运动成绩的出现，对青少年时期的基本要求的成长予以不正常忽略；体工队因为不想要杰出苗子外流到除了本省之外的其他省市或除了自己以外的教练员的手中，不合时宜地让青少年选手进入专业队，展开专业训练。这全部对选手的系统训练有所损害，造成训练成才率一直出现下降的现象。

②业余让单位与国家利益的冲突变大

因为现在想要进行业余训练的话得加入省运会的缘故，所以有很多人认真对待省运会，却不在意全国比赛的情况。

（2）中国业余体育训练马上就得填补的漏洞

①业余体育训练体制必须进行相应的改革

如今的以各类体校为主体的业余训练体制因为计划经济体制面貌显而易见的缘故，在当前阶段反映为部分体制上的不是很适应。

如今的业余体育训练体制本身含有的内向性与封闭性挺高，没有横向竞争与纵向联系，没有全部社会的一起协同，整体功能到现在还没有展现。业余训练的相关方面政策出台也不是不完善，让人才得以成长的基本途径看上去仍旧比较单一。哪怕是非常稳定训练网络，即便看上去一层一层连接得很好，可是结构方面并非不漏风，是有缺陷的，而且限制力也较差等。

②业余体育训练的目标得进行改变

我们国家如今的业余体育训练途径是比较广的，但因为隶属关系方面不一样的缘故，在训练成长目标方面也有很多不一样的地方。

综合看，基本上还是以让竞技体育方面的人才得到很好的成长重点说明，对体育方面培养骨干的价值希求过高，整体让运动员的成长目标单一。这也是造成对文化学习方面不重视的体现。

③参训学生的读训关系需要协调

业余训练的特征主要是“业余”性。我们心里要清楚对业余训练特征的熟悉和了解是弄好业余训练重要的点。

除少数进入高一级训练形式接着训练外，基本上所有的青少年运动员将面临升学、就业方面的困难。对他们而言，其文化素质的高低是其就业的一个关键。文化素质高往往更容易就业一些。

同时，业余训练阶段一方面是对青少年体力进行开发的重要阶段，另一方面也是开发其智力不可或缺的一条途径。

所以，青少年的业余体育训练一定得将文化学习与训练的关系给安排好。而处理该情况非常有效的途径常常是体教相结合。

总的来说，自中华人民共和国成立到现在，跨过几十年的向前进步路途，我国的青少年业余体育训练已造就不小的规模，中国竞技田径运动的成长准备好非常丰富的后备人才资源。但因为体委与教委双轨制彼此的隶属问题的缘故，让现在我们国家竞技田径方面的后备人才薄弱的问题也逐渐凸显，先前的田径三级训练网基本解体，逐级输送的制度也受到损害不能正常运转。到现在，因竞技与教育的彼此支持的好的局面的出现，我们国家的训练体制已经变成了约束中国竞技田径运动向前进步的阻碍。

2. 教练员素质及培训因素

教练员在运动训练中起主导作用，是运动训练过程掌控的人，是选手的教育者与指导者。在这样的情况之下，我们常常看到运动员的运动成绩的取得基本离不开教练员，教练员是选手科学训练的基本，选手进步是在教练员合理训练的基础上增进的。

但就选手与教练员二者来看，教练员人才相对更为不可或缺。在中国，田径运动队伍的核心即为教练员，运动成绩的增进基本上是受教练员执教实力高低影响。

现在，中国教练员群体有以下几个基本问题。

(1) 教练员知识结构的局限性非常大

因为现在很多学科都是整体相连的，教练员除了要对系统理论、运动心理方面非常熟悉，还要知晓体育管理、体育统计等多方面相关的知识。作为教练员现在最需要的是与运动训练相关的理论方面的必要的信息知识，提高训练的科技含量。

(3) 已有很长时间，“杰出选手—杰出教练员”的现象一直被我国竞技体育界所认可

依照我们对全国专业队与业余体校田径教练员展开的调查分析，专业队中 45. 5%的教练员过去曾经是杰出选手，业余体校的教练员中也有 25. 8%是曾经的选手。

(4) 教练员学历结构水平不高

知识是人的素质产生差异的基本所在，是展开创造性活动得要有的基础。教练员要进行创造性的脑力与体力方面的混合劳动，所以教练员需要提升知识度，这样的话，对指导运动员进行运动训练相对来说专业很多。

(5) 没有“复合型教练群体”

世界性技术革命形势让运动训练求新，向现代科学的新思想、新理论对应看齐，向现代科技的新仪器、新方法去探求。

如今运动员的训练在具体上与科研联系得很紧密，这样的情况下的运动训练具体就得要有教练员、科研人员、管理人员之间的彼此搭配了。而现在，我们国家的田径运动训练可以说就没有这一种“复合型教练群体”。

现在我国已经进行了不少形式的教练员继续教育，基本上是靠体育院校的运动系与进修班，与各类短期培训班与信息服务等，也办了部分专项教练员训练班，可以说为增进教练员方面的整体素质，对其即将可以展开科学训练起到了非常好的效应。其中的教练员岗位培训是现在国家田径管理中为增进教练员整体素质，使教练员人才资源得到开发而进行的一项不可或缺的手法。

一定得让办班培训速度与规模变快。对此我们提出以下办法，将培训时间给缩短一些、将招生数量扩大一些等，并在此基础上面授、函授相结合。

上述办法的优点主要为：能够节约开支，降低中心与地方的经济肩上的担子；形式灵活，有目的性。

二、我国田径运动发展的总体思路与措施

田径运动是判断一个国家体育发达不发达的重要标志的一部分，也是对一个国家的经济、文化等方面进行展示的不可或缺的一个窗口。新中国成立到现在，我们国家的体育事业的发展取得了非常不错的“业绩”，整体水平位居前列，展示了新中国在短期内，特别是改革开放到现在在经济、文化等地方的发展。

现在我们正处在田径运动发展的关键阶段，新时期中国田径运动的发展，能不能在厉害的竞争中跻身于全球田径强国里，实现新时期田径运动一直发展的目标，实现中国竞技田径运动协调发展，必须要尽快研究与制定面向现在的总体发展的思路与措施，这也将与中国体育事业总体发展目标的达成直接挂钩。

（一）总体思路

从前面对中国田径运动发展的历史、现状来看，我们能够清楚地发现，现在中国田径运动发展过程里面存在着不少很不理想的毛病，如杰出的田径选手与教练员数量的缺乏与群众田径运动被人们所了解的程度很低

与田径产业市场规模小等，说到底都是因为如今的管理制度跟不上迅速发展的缘故。所以，一定得对如今的管理制度进行创新与发展。必须得从制度的源头上对中国田径运动的可持续发展展开具体而又整体的调控，才能真正让田径项目随社会的发展与在数量、质量与时间方面跟着和谐发展，增进内容的可持续发展能力，进而实现田径运动的持续发展。

我国改革开放的总设计师邓小平在其革命理论与具体生涯里面，一直十分认真对待制度问题，认真对待制度分析，且对从制度上处理具体存在的问题非常注意。他认为，“制度”作为一个体系包含根本制度、体制和规章制度三个内容。

“制度创新”，在制度学派的文献里面常被视为“制度变迁”“制度发展”的同义语，用以表达“制度创立、变更及随着时间变化”的动态过程。

美国学者熊彼特则把“制度创新”定义为“用一种效益更高的制度来代替另一种制度的过程”。邓小平在指导建设有中国特色的社会主义社会的进程里面，也形成了自己相对独特的制度创新观，他提出：“……即体制革命是我国制度创新的实质”。

所以，从本质上讲，推动中国田径运动一直可以发展下去的总体思路应该是，经由制度创新使田径运动管理体制的改革更加深化，并推动项目运行机制的转换。具体而言，即为一步一步地构筑起符合现代田径运动发展规律的国家调控、依托社会、自我发展、充满生机与活力的田径运动管理体制与良性循环的运行机制。

（二）重要措施

1. 大力开展群众田径运动，尽情使田径运动人口得以发展

（1）持续进行群众性田径运动与竞技田径运动协调发展

通常情况下我们认为，充分发展田径人口群众体育与竞技体育统一发展起来的，这是几十年已被我国体育实践证明了的真理。

群众体育与竞技体育是辩证统一的，竞技体育方面具有的作用如下，它们分别是促进兴趣提高、进行相应示范、给予技术辅导、提供便利的条件。群众体育对于竞技体育来说，则有打好基础、发现人才的作用。

现在，我们一方面要抓好竞技田径的工作，另一方面要以扩大田径人口与传播正确技术为重点，加大群众性田径运动的开办次数和规模。而以竞技田径运动引领群众性田径运动更又非常重要的现实作用。一是可以很快发现可供成长的潜力苗子；二是可以让人气得到提高，提升群众方面的

支持力量。

要保持群众性田径运动与竞技田径的协调发展，让二者齐头并进，一起发展。

（2）培养青少年田径兴趣，发展青少年田径人口

在各类体育运动兴起的时候，争夺田径人口方面的活动愈发多样，不过因为田径本身特征的缘故，也许没有很多田径人口。这样的情况下，田协方面发展青少年田径人口时最好有比较长远的计划，如凭借各种机会扩大田径的影响力，为青少年树立田径明星等。

美国对明星的培养很认真对待，包括对田径明星也是这样，选手不单可跑可跳，还知道怎样与观众沟通。不少外国选手比较活跃，比赛结束之后还会绕场一周，很有个性，观众也爱看，假若选手比赛结束后就低头离场，观众想要给你鼓掌也没法鼓。

中国选手要学会如何去像演员一样表现自己，展示自己的每一面，学会跟观众交流，像多哈亚运会上刘翔的表现就能调动每位观众的积极性，展现出理想的效果。假若一个选手水平很高，可是不知道怎么去和观众沟通，不知道怎么去和媒体搭话也是不行的。因此对我们的部分杰出选手，中国田协要教他们怎样去面对媒体，如何去讲话，还要教他们怎样去维护他们的仪表、仪态等各个方面。

国外选手在田径比赛里面大都以其独特的个性特征吸引观众，如琼斯、格林等就能吸引青少年的目光，他们不管是在赛场赛外都十分会表现，常会改变衣着、发型等，该类举动常能引起各类媒体对他们的宣传并变成美国青少年竞相模仿的偶像，很大程度上提高了人们对田径的知晓度，也顺便提升了青少年田径人口。

2. 借鉴国外训练技术，增进教练员的能力、素质与执教水平

中国田径能够试着请部分外籍教练，也可以“走出去”，到国外去训练。其他项目，如射箭在将外籍教练引入到国内之后确实是对训练水平与成绩有所增进。在田径项目里面，部分国家聘用外国教练员，在很短的时间内就体现出了相应的效果，如印度请了跳远全球纪录保持者鲍威尔当教练员，其过去劣势的男女跳远在亚洲乃至全球都有了非常高的地位，这需要我们对其多加关注。

因此，聘请高水平的外籍教练员已变成了中国田径的当务之急。如果只是在短期内讲讲学、学习学习，程度上显然比希望的差些。即便是我们自己的一些重点项目的教练员已经做得很好了，但如果是想要达到更高水平，我们也可以请。而部分中等水平的项目，我们更有必要去聘请。

教练员是对体育事业发展有着非常大的作用，对体育事业来说非常重要，要想在以后的奥运会上取得好的成绩，缺少杰出的教练员队伍肯定是不可以的。所以，最好可以从多个角度对教练员展开培训，增进教练员的能力与执教水平；有必要加大杰出教练员的培养力度，让我国田径界尽快出现一批“复合型”的杰出教练员。基于此，项目相同的教练员彼此可以展开交流，从理论与实际方面增进教练员队伍的整体的执教实力。

此外，对教练员考核制度的建设进行完善，可以采用教练员岗位聘任制，有才能的人去做教练员，并尽可能地去综合那些创新意识强烈，一直想要充实自我、使自我得以增进的年轻教练员。

最后，田径管理中心应主动使用一些有效措施，如内联外引，重点培养，给教练员出国学习、自我深造的机会，同时将国外训练经验比较多的教练员、专家等请过来，并进行培训讲学类活动，让该教练队伍一方面在数量上，另一方面也在质量上适应中国田径奥运战略的要求。

3. 构筑田径后备人才库，让后备人才的成长可以一直持续

单单从一个国家的竞技体育来说，人才资源优势竞争的激烈程度跟科技与经济整体水平竞争的激烈程度有过之而无不及，体育强国能够一直保持强大的原因其中的一个共同点是对少年体育后备人才的培养一直认真对待。美国、法国等国家都有特别健全的竞技体育后备人才培养体系。

我国的田径后备力量现在的具体情况是田径运动青少年杰出选手比较多，但是成人的杰出选手却非常少，田径后备力量的成才率不是很高等。中国田径选手竞技年龄显而易见小于全球杰出田径选手的竞技年龄，很多高水平运动员的运动寿命较短，没能实现他们本来有机会实现的最佳成绩，有世界实力的运动项目只是因为某一省、市太强而被其他省、市放弃，并导致我们的优势项目发展后接不上。这是中国田径运动发展中的一种冲突现象，也是我们国家田径运动发展中一定得处理的问题。

为了解决好田径后备人才成才率低的问题，国家可以将该类有发展后景的苗子选出来，构筑田径后备人才库，创设一个稳定的后备人才平台，对青少年选手的成长密切监督。尽最大努力延长高水平选手的运动寿命，让他们在赛场上较长时间地展现自己的运动才能，走后备力量培养的学校化与市场化这一途径，并真正处理好后备人才的就业难题。重点将优势项目发展起来，如女子竞走、女子投掷等单项后备力量，切实将后备力量队伍建设给弄好。

另外，后备人才的培养不是很容易，往往投资大却见效慢。因此，必须得有长远的计划与考虑，一定不能只对眼前利益在乎却不考虑长远的发

展，只有这样才可以从本质上保证我们国家的田径发展得越来越好。

4. 完善体育法制建设，规范田径比赛环境，加大反兴奋剂力度

现在，我国竞技体育的训练、比赛环境是一个还需要我们去“清洁”的地方，不良风气（如兴奋剂滥用）与恶劣环境（如商业操纵）都不利于竞技体育的发展。

其中的兴奋剂泛滥，一方面已经影响到比赛的纯洁性了，非常不利于我们国家田径的良好发展。相关部门一定得予以认真对待。

一定得把态度摆正，将体育法制建设努力健全，还一个干净的田径比赛环境。

必须得清醒地认识到中国田径水平的真实面目，加大打击假成绩的力度，将科学技术渗透至田径训练里面去，提高田径项目科技化的程度，大范围进行反兴奋剂的宣传、传播，认真对待与密切关注反兴奋剂方面的科学研究，提高兴奋剂检测与处罚力度，构筑一个健全的反兴奋剂法律体系，只有这样，才能对推动选手之间进行科学的训练、公平的竞争有帮助，才能对我们国家田径未来的持续发展有帮助。

5. 构筑与充实地方田径协会组织，密切基层群众性田径组织建设

我们国家田径协会的业务领域大致内容为：依照国家的体育法规与有关方针政策与国际体育组织的有关规定，统一组织、指导全国田径运动的发展，推动项目被人们所知，推动亚洲与世界田径运动有所发展。“指导、协调全国青少年与群众性田径运动的发展”是中国田径协会青少年发展委员会的工作职责的一部分。

可是，现在我国只是少数省市的协会组织，相对来说是完善的，拥有一定量的专兼职工作者，有一定作用，很多省市的协会组织差不多就是一个空架子，没实际作用。

中国田径协会及其相关业务部门是组织与指导中国田径运动发展的法定组织，是促进中国田径运动展开的领导力量。不过，因为地方很多省市及其下属的各基层组织建设工作跟不上发展的缘故，中国田径协会的各级组织还未能发挥其对中国田径运动的组织与指导职能。所以，今后一定得使省市及其以下的基层田径协会的组织建设与工作完善得更加密切一些，让各级田径协会对田径运动的组织与指导等职能得以尽情发挥。

现在，我们国家群众体育工作的改革正努力朝着规定好的方向发展，各部门、各行业的群众体育组织将在以后我国群众体育活动里面展现出重要价值。

为了实现推动中国群众田径运动的持续发展的目标，中国田径协会及其各级基层组织在仔细落实本部门的组织建设工作时，还密切发展业余俱乐部等基层群众性田径组织的建设工作，对该类群众性田径组织进行基层田径运动的主动性予以调动，将他们在基层田径运动里面的组织与领导作用的责任落实到位，如多种形式的群众性田径运动与竞赛的经常举办，就在群众里面掀了起田径运动的热潮。

6. 深化田径体制（管理体制、竞赛体制、人事体制、训练体制）改革

1986 年原国家体委将《关于体育体制改革的决定（草案）》给公布后不久，田管中心就产生了。在多年的发展之后，田管中心的积极作用渐渐变少，并显示出部分问题。所以，构筑具有中国特色的田径运动协会制，并向实体化方向发展是我们进行田径体制改革的一个重点。

田径赛事方面如果想要实现以国家办为主向社会办为主的转变，需要做到以下几点。

（1）尽量将田径社会投资的多元化途径给拓宽一些。

（2）尽量让项目分类管理与单项协会实体化等给保持下去，构筑起办事高效、运转协调、行为规范的具有中国特色的田径管理体制与运行机制。

（3）对运动员管理体制进行改革，运动员要实行注册制，依据有关规定展开有序、有偿的选手转会或交流，让适宜的人才流动体系得以构建。

（4）竞赛制度方面要进行分级、分类管理，要主动面向全社会将竞赛市场予以适当的开放，经由招标等方式，让社会各界愿意去开办各类田径赛事。

（5）一步一步地将参赛许可证制度实行下去。

（6）在竞赛体制方面，我们国内比赛要尽量与国际看齐，能够依据国际上的做法，较少比赛进行的时间，提升竞争的激烈的程度，增加奖金的数量。

（7）在竞赛的选拔制度方面，把人为因素尽量降到最低，提升选拔的合理性与科学性，以此为基础帮助田径运动可以进行长远发展。

现在我国的田径竞赛制度有很多不好的地方，主要是指全运战略与奥运战略的矛盾。处理的办法就是为依照国际大赛的名次，把对应的积分记入全运会。

与此同时，将奥运会、世锦赛与亚运会等比较重要的国际比赛的田径金牌依据不一样的价值量（“份额”）带入到下届全运会里面去，使全运会“杠杆”的功能尽情展现，实现整个国家都为田径发展目标而努力

奋斗。

竞赛体制改革的关键是将比赛的种类与数量给予一定提升，增进比赛的社会方面的效益与经济方面的效益，并对相对重点的项目展开政策方面的倾斜。凭借各种手法将比赛的观赏性与互动性给提上来，把商机与观众的目光统统吸引过来。

（8）项目设置方面，最好可以以与奥运相关的项目与观赏性强的项目为主，做好宣传工作，把系列大奖赛一步一步地给投到市场里去。田管中心不仅要继续开办锦标赛与大奖赛，还可举办一些不一样的比赛，如部分对观众与赞助非常有吸引力的专项比赛。

（9）在训练体制方面，最好建立集中与分散相结合、多强对抗的训练体制，把训练的途径给拓宽一些，不能太过单一下去，同时希望社会办杰出运动队或高水平田径俱乐部方面可以有实力改变“所有运动训练资金由国家负责”的现状。切实做到让选手以赛代练，变被动参与为积极参与等。

7. 密切理论与科技创新，实现体育科技创新与田径运动训练一体化

由“创新则兴，守旧则衰”，为每一个竞技体育发展的客观规律可得，创新是田径运动取得进步，获取好成绩的必要的基础。

落实好理论创新，需要在指导思想上将“技术优先”与“田径项目是成人项目”的原则给落实到位。田径运动作为竞技体育的不可或缺的一个方面，同样是不少体育项目的基础。它的理论、训练方法等方面的创新，为促进我国竞技体育的发展起到了非常不小的作用。

在田径运动发展过程里面，体育科技进步是推动田径运动发展的基本动力。因为科学技术方面一直在进步，田径运动水平因此也愈发高，高水平选手的成绩差距也变得愈发小，慢慢地到了人体的生理极限，这就需要我们训练一定得科学化，而训练科学化一定得凭借科学的发展与科技进步。

具体需要做到以下几点。

（1）密切体育科技研究与开发的深度与广度。

（2）加强体育科技的创新与田径运动训练相结合的力度。

（3）提升体育科技的相关创新能力，让选手运动能力的能够一直不断提升。

（4）主动对构筑科训一体化的体制予以探索，增进处理关键问题的实力。

（5）进一步使我们的教练员、选手的科学文化水平得以提高，保证新

技术、新方法的出现并在实际中普及。

（6）关注杰出运动队的科技建设，设立高水平的国家田径训练基地，并让基地与重点项目可以很好地协同发展。

经过该类措施的实施，来增进运动训练过程的科技含量，实现体育科技创新与田径运动训练一体化。

8. 让中国田径运动的步伐变快

（1）对田径竞赛制度进行改革，促进田径运动向职业化前进

田径运动职业化基本上表示的内容为：进行田径运动训练者将田径运动训练与竞赛作为一种职业，让田径运动训练可以与竞赛活动一起，并朝商业化运作方向迈进的一个相应的过程。

而田径竞赛制度是进行与开展田径比赛的向导，是全部田径活动所要参照的一个颇为关键的原则，其主要为：国家的田径组织方面为了完成田径运动的想要达到的目标而实施的相关制度、措施总的说法。

我国这几年来的竞赛制度改革已有一些眉目，已慢慢地使全国田径大奖赛系列、锦标赛系列赛事照常举办下去，同时伴随其创设出一些新的规章措施。

选手每年能够加入 12 场左右的全国类比赛活动，杰出选手每年的比赛差不多得有 20 次以上。这就给田径运动职业化表达出一些较为不错的好现象，如职业选手能够在不少的比赛里面拿到奖金，为其职业生涯准备物质基础。

在以市场经济为基本形式的全球经济体系里面，缺乏市场就代表缺乏竞技体育的社会能够生活下去的环境。田径赛事在添入经济因素时一定得符合田径运动发展的客观的规律。需要注意以下几点。

①改革后的竞赛体制一定得服务于选手，对选手出成绩有帮助，提高比赛对选手的吸引力，让选手与教练员能拿到实实在在的好处。

②田径竞赛体制一定得向喜欢田径的群众“示好”，要服务于田径场地的观众与电视机前的各位观众，这也是因为观众在一定程度上是选手的“衣食父母”的缘故。

（2）进一步开发田径市场，拓展资金来源

田径运动市场化是将市场机制给引进来，让田径运动训练、竞赛等每一个里面步骤的运作都与市场经济挂钩的一个新的体系。

田径市场的扩大与发展将通过经济杠杆的调节与市场上的竞争为田径运动发展和杰出田径运动员的成长创造一个较为不错激励机制。

如果市场化进展顺利，还将会对更多的人参与田径运动具有激励作

用，让田径市场可以更加拓宽，并进一步使人们欣赏高水平田径比赛的渴望变得更加强烈。同时，对田径比赛竞争性与竞技水平需要的要求也更高，从侧面推动了田径运动水平的一直增进。

运动水平的一直增进，让人们关注的程度高了，企业的赞助热情也随之高涨，进而对田径市场的开发有所帮助，从市场里面吸引田径运动发展的资金，实现良性循环。

参考文献

[1] 林志超. 大学体育标准教程 [M]. 北京：北京体育大学出版社，2007.

[2] 刘永东. 田径运动实用教程 [M]. 北京：人民体育出版社，2007.

[3] 张贵敏. 田径运动教程 [M]. 北京：人民体育出版社，2007.

[4] 曹定汉. 走跑与健身 [M]. 合肥：中国科学技术大学出版社，2007.

[5] 李鸿江. 田径 [M]. 北京：高等教育出版社，2008.

[6] 刘黎明，苏萍. 田径运动竞技与健身 [M]. 西安：西安地图出版社，2008.

[7] 于少勇，赵志明. 基础体能训练 [M]. 北京：原子能出版社，2008.

[8] 李老民等. 田径运动教程 [M]. 北京：北京体育大学出版社，2008.

[9] 李鸿江. 田径 [M]. 北京：高等教育出版社，2009.

[10] 刘建国. 田径 [M]. 北京：高等教育出版社，2009.

[11] 王兴林. 田径运动概论 [M]. 北京：科学出版社，2009.

[12] 中国田径协会. 中国田径教学训练大纲 [M]. 北京：北京体育大学出版社，2009.

[13] 王向宏. 体能训练理论与方法 [M]. 北京：北京航空航天大学出版社，2009.

[14] 李鸿江. 田径运动高级教程 [M]. 北京：高等教育出版社，2010.

[15] 刘建国. 田径运动（第2版）[M]. 北京：高等教育出版社，2010.

[16] 李鸿江. 田径（第2版）[M]. 北京：高等教育出版社，2010.

[17] 文超. 田径运动高级教程（修订版）[M]. 北京：人民体育出版社，2010.

[18] 中国田径协会. 田径竞赛规则 2010-2011 [M]. 北京：人民体

育出版社，2010.

［19］王林．现代竞走技术与训练［M］．北京：北京体育大学出版社，2010.

［20］孙南等．现代田径训练高级教程［M］．北京：北京体育大学出版社，2010.

［21］孟刚．田径［M］．北京：北京师范大学出版社，2011.

［22］孙南，熊西北，张英波．现代田径训练高级教程［M］．北京：北京体育大学出版社，2011.

［23］张英波等．动作学习与控制［M］．北京：北京体育大学出版社，2011.

［24］潭成清．体能训练［M］．长沙：湖南师范大学出版社，2012.

［25］李老民．田径运动教程．北京：北京体育大学出版社，2012.

［26］文超．田径运动高级教程（第3版）［M］．北京：人民体育出版社，2013.

［27］王瑞元．运动生理学［M］．北京：人民体育出版社，2014.

［28］刘金凤．田径教学与训练［M］．成都：西南交通大学出版社，2014.

［29］邬孟君，张志胜．田径运动原理与科学健身实践［M］．长春：吉林大学出版社，2014.

［30］王平．现代田径运动竞训发展探究［M］．长春：东北师范大学出版社，2015.

［31］李诗瑜．田径运动教学与训练研究［M］．北京：人民日报出版社，2017.

［32］王丙振．田径运动体能训练［M］．北京：化学工业出版社，2017.